FOTO MENTAL
DE TU
EMPRESA

IDEAS
PARA EL
DESARROLLO
DE UN
NEGOCIO FELIZ

Gus Dimas

FOTO
MENTAL
DE TU
EMPRESA

---

https://www.youtube.com/channel/UCNSWtchO2K0KVHV2yjeU
oYA

https://www.facebook.com/pages/category/Personal-Blog/Con-
todo-al-emprender-108640317625145/

Gus Dimas

Primera edición 2020

ISBN: 9798692826664

Este libro está dedicado a todas aquellas
personas que tienen un sueño,
un anhelo por realizar, un cambio
en su vida.
A todos aquellos que han imaginado
tener un mundo mejor para ellos
y para las personas que les rodean.
Para todos aquellos que creen
en uno mismos y que tienen
el poder para llevar a cabo
lo que se proponen.

Para mis hijos Pao y Guchi,
con quienes encontré un
mayor significado a mi vida.
Dios los bendiga siempre.

Índice

INTRODUCCIÓN 9

IDEA 1 AUTOCONOCIMIENTO 19

Aprende a conocerte 29

Descubre tus habilidades y competencias 39

IDEA 2 PROBLEMAS QUE TE HACEN CRECER 49

Adversidad 51

Barrera mental del miedo 69

Barrera mental del ego 83

Barrera mental del apego 95

IDEA 3 SISTEMA DE CREENCIAS 103

Nuestras creencias 105

Humildad como sistema de creencia 115

IDEA 4 LA NECESIDAD DE CAMBIO 123

El Cambio 125

Visualización creativa 137

Fijación de objetivos 145

IDEA 5 EMPODERA TU MENTE 153

Mente empoderada 155

IDEA 6 DISFRUTA EL VIAJE 167

Camino de la felicidad 169

IDEA 7 CONTROL EMOCIONAL 181

Inteligencia Emocional 183

Vínculo Comercial 189

Pasión: lo que me mueve 195

Conclusiones.. 199

AGRADECIMIENTO..203

Introducción

¿En qué dirección te mueves actualmente? Si siguieras en esa misma dirección, ¿A dónde te conduciría dentro de cinco o diez años? ¿Es ahí donde te gustaría estar?

Vivimos en un mundo muy diferente a lo que vivieron nuestras generaciones anteriores, hemos llegado al momento donde todo es posible, por ejemplo estudiar una profesión u otro idioma, sin tener que desplazarnos a un centro educativo, ya que se puede estudiar en la modalidad en línea; viajar y conocer nuevos lugares con la ayuda de aplicaciones que nos permiten adquirirlos a bajo costo; perfeccionar nuestras habilidades con la ayuda de los cursos que encuentras en internet; emprender un proyecto de negocio sin contar con una inversión muy alta de dinero o trabajar desde nuestro hogar o cualquier parte del mundo y todo ello gracias a las herramientas que están a nuestro alcance. No te parece extraordinario que todo el conocimiento que existe, se encuentre a nuestro alcance y sin tener que pagar costos

9

Gus Dimas

muy elevados. Tan solo hace un par de décadas, dependíamos de los centros de estudio para adquirir los conocimientos que nos permitieran desarrollarnos en alguna profesión, ahora tenemos la gran ventaja de capacitarnos en línea por lo que se cierra esa brecha que existía, ahora sólo depende de ti y del deseo tan grande que puedas tener para salir adelante. Hace unos años si nuestro deseo era viajar, dependíamos de una agencia de viaje que nos diera un par de opciones y a qué costo, era realmente muy costoso viajar, ahora el abanico de posibilidades es muy amplio y tú puedes armar tu paquete de acuerdo a lo que quieras gastar. Recuerdo también que si uno quería darse a conocer en el medio musical o de los espectáculos, tenías que hacer largas filas afuera de los medios de comunicación para ver si te daban la oportunidad de ser escuchado, que cosas, ahora son ellos los que te están buscando en las redes sociales si ven que empiezas a tener seguidores. En el campo profesional, antes dependías de que la empresa donde trabajas te capacitara, ahora el reto está en ti, ya que hay un sinfín de cursos en la web que puedes tomar sin costo y seguirte preparando ya sea para perfeccionar tus habilidades o bien para adquirir nuevas que te permitan ocupar otras posiciones. Así también si queremos emprender un negocio, ya no es un impedimento no contar con un local comercial o tener una gran cantidad de dinero para iniciarlo, ahora hay muchos negocios que se pueden llevar a cabo, sin necesidad de contar con un local establecido ya que puede ser en línea y desde la comodidad de tu hogar.

Se dice que en épocas de crisis, sale a la luz nuestra creatividad y lo que podemos ver como problemas, se convierten en joyas de oportunidades para uno. Y lo menciono, ya que muchos al llegar la pandemia del 2020, perdieron su fuente de empleo y sin contar con algún ingreso, salieron adelante gracias a su tesón y al abrirse al cambio y llevaron a cabo su propio emprendimiento. Algunos revendiendo productos por Amazon o Mercado Libre, otros llevando a cabo capacitación en línea, otros con negocio de comida desde el hogar y haciéndolo llegar por medio de aplicaciones hasta el consumidor.

Gus Dimas

Ideas para el desarrollo de un negocio feliz

Con todo esto, no crees que sea el momento para que empieces a desarrollar un proyecto alterno a tus actividades diarias. Un proyecto que de acuerdo a la experiencia que tienes lo puedas capitalizar para tu beneficio. Si por alguna razón no cuentas con la experiencia necesaria, pero has pensado en llevar a cabo alguna actividad y por medio de la capacitación que puedas encontrar en internet se complemente, sería genial, no te parece.

Si llegó a tus manos este libro, quiere decir que estás en uno de los mejores momentos en tu vida, que hay algo que ha despertado en tu interior, que te está pidiendo salir a la luz, por lo que tendrás que replantear la forma en que has venido haciendo las cosas, en la que has obtenido los recursos o tu sustento y hacer un cambio en la dirección que llevas.

Alcanzar el éxito personal y profesional, es el sueño de miles de personas en cualquier parte del mundo. Es así de importante como encontrar su por qué o propósito verdadero en la vida. Pero generalmente, la pregunta que uno se hace al momento de querer emprender un proyecto es ¿Cómo hacerlo? ¿Cómo tomar decisiones cuando me paraliza la incertidumbre? ¿Cómo evitar esos recuerdos que me invaden y limitan a moverme de un estado de confort en el que me encuentro?

Para encontrar la respuesta a todas esas inquietudes y tomar la decisión de emprender, uno debe eliminar primero ciertas barreras mentales o hábitos que te están perjudicando en tu actuar y luego reprogramar la forma de pensar para desarrollar una mentalidad emprendedora. Esto se debe a que el cambio de mentalidad es fundamental para cualquier proyecto que uno quiera iniciar y poder cumplir con los objetivos propuestos.

Se han plantado en tu mente falsas creencias que desde temprana edad fuiste adquiriendo en el entorno en el que creciste y que con el paso del tiempo se han arraigado y son las que te han limitado a llevar un

11

cambio profundo en tu vida, por lo que es momento de cuestionarlas y sacarlas de tu mente.

Trabajaremos en romper el ciclo de limitación que nos han programado de manera inconsciente en diferentes ambientes, ya sea en casa, escuela, la iglesia, por medio de los medios de comunicación como la televisión, la radio, y ahora en redes sociales; por lo que se requiere mucho esfuerzo, concentración y voluntad de autorreflexión.

Seguramente te has preguntado por qué si estás preparado, concluiste con una carrera profesional, cuentas con experiencia en la posición que haces, sin embargo no te llega la oportunidad para ocupar una responsabilidad mayor. Te comparto una fábula que ayudará a comprenderlo, solo imagina que vas a ir de viaje en tu auto y que tu camino está lleno de obstáculos que te impiden continuar, por lo que no basta con tener tu vehículo en óptimas condiciones, primero debes de hacer a un lado lo que tienes enfrente que te impide avanzar y posteriormente te irás libre, disfrutando del paisaje.

Vamos a reprogramar nuestros pensamientos negativos automáticos en afirmaciones positivas que nos muevan a ir tras nuestros sueños y confrontar de una manera ganadora los desafíos que nos depare la vida.

¿Qué tanto tiempo dedicas del día a imaginar tu futuro? Toma en cuenta que no es lo mismo pensar que imaginar. Estuve como Director de Medios Impresos de uno de los movimiento más importante en Latinoamérica "Piense y hágase rico, el legado" dicho movimiento estaba patrocinado por la Fundación Napoleon Hill, en ella me compartieron que las personas en promedio tenemos siete mil pensamientos al día, sin embargo la mayoría son con respecto del pasado, algunos problemas que nos dejaron marcados y que los seguimos cargando, otros son de incertidumbre con respecto a que llegue de cierta manera el futuro.

Gus Dimas

Ideas para el desarrollo de un negocio feliz

La imaginación es diferente, es la capacidad de construir nuestros deseos aceptándolos ya como un hecho real.

Creo que con el paso del tiempo hemos perdido la capacidad de asombro al imaginar, sin embargo es momento de recordar cómo hacerlo y ponerlo al servicio de nuestro deseo.

Este libro, lo he escrito para ayudar a tomar la decisión de emprender un cambio, que si bien es el sueño de muchos, no todos se deciden a dar ese gran paso. Quiero aclarar que no es un libro que hable de motivación, más bien es un libro que llama a la acción. Te invita a tomar acciones en el momento que llega el deseo de un cambio en tu vida, ya sea para que cambies de posición en la empresa donde trabajas, o que cambies de empresa sin importar el tiempo que lleves en la actual ya que te permite ese cambio tener una mejor calidad de vida o bien a emprender tu propio proyecto de negocio y que éste no solo lo tomes como única alternativa al ver que no te puedes colocar en una organización. Te darás cuenta que el comprometerte al cambio y emprender un nuevo proyecto en tu vida y llevarlo a la acción, será algo de lo más satisfactorio que uno pueda llevar a cabo.

Te ayudará a entender que un por qué, es mucho más importante que el cómo. Ya que el por qué, siempre será nuestra fuerza motivadora y poderosa que nos ayude e impulse a llevar a cabo nuestro deseo ardiente.

Te comparto ejemplos de cómo fue que entendí y elegí a lo que me tenía que dedicar y emprender. Ya que no todo lo que uno emprenda quiere decir que es nuestro propósito en la vida.

Desde el año 2016, he venido investigando, analizando y probado diferentes metodologías para ayudar a las personas a transformar su vida, a encontrar sus habilidades, a sortear las barreras que se les presentan y a encontrar su propósito en la vida que genere valor y esté al servicio de la sociedad.

13

Gus Dimas

Ideas para el desarrollo de un negocio feliz

La metodología que propongo en este libro, me ha dado resultado y permite que uno lleve a cabo un proceso de autoconocimiento y de transformación de paradigmas.

He tratado de ser un facilitador, el cual te acompaña a prepararte en diferentes áreas de la vida, para que puedas emprender de la manera más apropiada, tu nuevo proyecto y que puedas confiar al cambio.

Este método se basa en afirmaciones convertidas en preguntas las cuales nos ayudan a activar nuestra mente.

Dicho método fue desarrollado por Noah St. Jonh en los años 90´s y es conocido como Aformaciones. Dicha técnica está basada en crear empoderamiento utilizando la pregunta ¿Por qué _____? Gracias a este método uno puede lograr que nuestra mente empiece a encontrar la respuesta correcta a la pregunta y así eliminar las creencias limitantes. Siempre las preguntas serán formuladas como si ya las hubieras logrado o haber dado respuesta favorable a ellas. Por lo que una vez que hayamos respondido a las mismas, tenemos que emprender acción basándonos en nuestra nueva realidad.

Quiero ayudar a comprender también, que toda situación que nos ha pasado en la vida, es porque ha tenido un propósito y tenemos que aprender a descubrirlo. Saber que cualquier problema, por mínimo que sea, es un entrenamiento que nos ayudará a actuar y no a reaccionar.

Existe tanto talento en nosotros y muy pocas veces estamos conscientes de ello por estar pensando en situaciones del pasado o en incertidumbres del futuro. Sumergidos en resolver los problemas que se presentan en las organizaciones para las que prestamos nuestro servicio, olvidándonos por completo de nosotros y de los sueños que algún día hemos tenido.

¿Qué pasaría si todo ese talento y experiencia que has acumulado lo pusieras a tu servicio para desarrollar y emprender un cambio el cual todos pudieran apreciar y valorarlo? ¿No crees que tu interés fuera mayor así como los resultados que pudieras tener?

Ideas para el desarrollo de un negocio feliz

No renunciemos a nuestros sueños y sobre todo, no los pongamos en manos de personas u organizaciones que no tienen interés en ellos como nosotros como para llevarlos a cabo. Mejor aprendamos poco a poco a ir renunciando al apego de esas organizaciones que solo buscan su desarrollo y no el del empleado, ya que conforme vamos teniendo mayor antigüedad en ellas, más es nuestro miedo a quedarnos sin empleo.

Tengamos presente de no tener control de lo que no está a nuestro alcance y las decisiones que se toman en las organizaciones, no son consultadas con nosotros por lo que puede ser que hoy tengamos una fuente de empleo pero quizá mañana ya no.

Este libro es para todas aquellas personas que están decididas a trascender y romper todas las limitaciones; que se atreven a dar ese salto cuántico que les permitirá tener un grado de consciencia para conducir de diferente manera sus vidas y su porvenir. Ha llegado el momento de cuestionar nuestro sistema de creencias y adoptar uno que nos permita tener la confianza necesaria en este proceso de convertirnos en la persona que hemos soñado.

Vamos a reaprender a dirigir nuestros pensamientos hacia situaciones de prosperidad y abundancia financiera, que nos permitan proyectar nuestro futuro y lograr la transformación en menos tiempo de lo que uno cree, ya que uno atrae a su vida lo que realmente desea.

Aprovecharemos esta época que estamos viviendo después de la pandemia mundial, ya que así como se cierran fuentes de empleo, se han abierto nuevas oportunidades de negocio, se rompieron con ello también muchos paradigmas en la forma de hacer las cosas, por lo que estaremos más sensible a ello para tomar cualquier oportunidad que se nos presente.

Al cambiar las formas de hacer negocio las empresas, han permitido que entren nuevos jugadores, por lo que tú puedes ser uno de ellos capitalizando toda la experiencia que tienes.

Gus Dimas

Ideas para el desarrollo de un negocio feliz

Y en caso de contar con poca experiencia, nos está invitando este tiempo a seguirnos preparando, pero de una manera diferente y de forma acelerada, ya que el mundo está cambiando muy rápido y las necesidades también, por ello será muy importante poner a prueba nuestra creatividad para darles la mejor solución.

Es el momento de leer y analizar detenidamente el contexto que se presenta y nos invita a emprender ese cambio en nuestra vida que tanto hemos estado esperando y que por cualquier razón no hemos concretado. Recordemos que siempre el tiempo estará jugando en contra de estos propósitos y será mejor empezar cuanto antes, en este momento que tienes la energía necesaria para emprender este camino y no cuando el tiempo nos diga que estamos próximos a la jubilación, cuando seguramente, las ganas se han ido.

Aprendamos a vivir en consciencia con el Universo, ya que está lleno de abundancia y solo está esperando a que empecemos a tomar acciones para darnos lo que nos corresponde y disfrutar de este hermoso camino de emprender el cambio que necesitamos.

Este libro es para ti que me estás leyendo y que te has preguntado muchas veces de qué manera puedes mejorar tu ingreso que permita llevar más dinero a tu hogar y sobretodo que busques un crecimiento tanto en lo económico, como también en otras áreas de tu vida.

Da la oportunidad de que te conozcas mejor, descubrir tus competencias y habilidades desarrolladas en el transcurso del tiempo y que podrás ponerlas al servicio de una organización que realmente te valore o bien mediante un proyecto de negocio.

Para todos aquellos jóvenes, que en estos momentos se han sentido sobrados en el ambiente corporativo o que han tenido que dejar los estudios y están viviendo en la incertidumbre de lo que será su vida profesional.

Y para todos aquellos, que no desean esperar a llegar a los 65 años, para poder disfrutar de la libertad financiera y de su tiempo. Para

16

aquellos que han aprendido las lecciones de la vida, que han superado sus tropiezos y se han levantado una y otra vez, ya que siempre tendrán mucho que ganar y poco que perder.

Pues a todas ellas y ellos, les quiero decir que las condiciones están dadas en estos momentos. Lo más importantes era que tomarás la decisión y el tener en tus manos este libro quiere decir que ya la tomaste, por lo que desde este momento estoy seguro que lo que te propongas, lo llevarás a cabo.

Me he dado cuenta que todos desarrollamos una serie de habilidades y competencias que nos permite confrontar cualquier situación adversa que se pueda presentar al emprender cualquier cambio en su vida. Sin embargo al momento de querer tomar la decisión de hacer un cambio, nos invaden ciertas dudas, nos hacen detener y volver a pensar y así se nos pasa el tiempo. Yo lo viví y te quiero platicar mi experiencia y lo que hice para confrontar mis miedos y temores y emprender una vida de mayor confianza en todo lo que hago.

A lo largo de mi vida profesional que han sido más de 20 años de experiencia, he podido desarrollar ciertos consejos que a continuación te brindaré y que te permitirán ahorrar las adversidades y el tiempo que yo pasé para tomar la decisión de emprender los cambios en mi vida. Mismas que me han servido para ser un mejor profesionista, un empresario y un mejor padre.

Te vuelvo a reiterar que el emprender un cambio no necesariamente te pide que tengas experiencia, lo más importante es que cuentes con el deseo de mejorar tu calidad de vida, que confíes en ti y que veas que muchos empresarios importantes iniciaron igual que tú, como fue el caso de Thomas A. Edison, Nikola Tesla o Elon Musk por citar algunos, quienes gracias a su tenacidad, empuje y carácter, han logrado llevar a cabo lo que se han propuesto y se han convertido en los personajes más importante de la era moderna, trayendo grandes

17

aportaciones al desarrollo de la revolución industrial y la mejora del bienestar y de las condiciones de vida de millones de personas.

Mi intención con este libro, es poder ayudarte en el proceso de emprender una acción que te permita ocupar una mejor posición en la organización en donde te encuentras o cambiarte de empresa si fuera necesario y porque no hasta de emprender un negocio propio, por lo que si alguna idea te parece adecuada y aplicable, por favor llévala a la práctica, de lo contrario solo deséchela. Agradezco de antemano el tiempo que le dediques a leer este libro.

El genio es un diez por ciento de inspiración y un noventa por ciento de transpiración.
Thomas A. Edison.
Inventor y empresario.

Gus Dimas

Idea 1 **Autoconocimiento**

No importa todas las barreras que nos encontremos al andar,
iremos siempre decididos, a que la mejor manera de dejar
nuestro legado, es seguir adelante construyendo camino.
Así tengamos que pasar un mar de riesgos, pero
junto con la fe, dispuestos a seguir adelante.
Os digo que este compromiso, muy pronto nos permitirá
sentirnos orgullosos, por todo lo que hemos logrado
y lo que hemos hecho para cambiar nuestra realidad.
Gus Dimas.

Ideas para el desarrollo de un negocio feliz

Gus Dimas

Ideas para el desarrollo de un negocio feliz

Las personas que en algún momento, sienten el impulso de tener un cambio en su vida, se enfrentan tarde o temprano a diferentes circunstancias o barreras mentales, mismas que abordaremos más adelante. Sin embargo lo que debemos abordar primero es saber qué queremos, a qué nos queremos dedicar y cómo nos veríamos llevándolo a cabo, para ver si nos hace sentido.

Como ha escrito John Kenneth Galbraith: "El dinero fue el motor de la sociedad industrial. Pero en la sociedad de la información, el propulsor, es el conocimiento". Sin embargo en la actualidad te puedo decir que aquellos que han logrado éxito, son las personas que se han decidido a emprender una acción. La acción y solo ella, produce resultados. El conocimiento no es más que poder en potencia, excepto cuando caen en manos de quien sabe cómo conducirse a sí mismo para actuar con eficacia.

No creo que lleves a cabo un viaje sin conocer antes a dónde te piensas dirigir y si este viaje te producirá satisfacción, ya que de lo contrario, cambia de destino.

Esto sin lugar a duda, será lo más importante y lo que va a permitir que nuestro deseo se convierta en realidad. Una vez que tengas claro y que te imagines hasta dónde quieres llegar, te puedo asegurar que lo conseguirás.

Por lo que una vez que tengas claro lo que quieres, a dónde quieres emprender el viaje, tendrás que ir despejando el camino para que esté libre de cualquier pensamiento u obstáculo que se te presente.

La idea de este capítulo, más que conozcas y que te imagines mi experiencia profesional, es que tu realices un ejercicio similar, en el cual veas a detalle lo que ya realizaste y que te ha dado las competencias y qué habilidades necesarias para emprender ese viaje. Esto con la finalidad, de que al momento de querer tomar la decisión de qué vas hacer, la tomes con base en la experiencia que tienes o por donde te ha conducido la vida, ya que muchas veces, aquellos problemas que se

21

Gus Dimas

te han presentado, son también para muchos, algunas cuestiones que buscan una respuesta y quizá tú ya la has encontrado.

Te permitirá conocerte mejor y abordar algunos temas que quizá nunca te preguntaste por qué te pasaron, sin embargo venia oculto un aprendizaje que te permitirá tomar la mejor decisión para saber cuál es tu misión o propósito en la vida.

Aprender a conocernos es un viaje continuo y profundo que requiere introspección honesta y análisis cuidadoso de nuestras experiencias. Cada trabajo y posición que hemos ocupado ofrece lecciones valiosas sobre nosotros mismos. Por ejemplo, un primer trabajo como asistente administrativo puede enseñarnos la importancia de la organización y la gestión del tiempo. Un puesto en atención al cliente puede desarrollar nuestra paciencia y empatía, una posición de liderazgo puede revelar nuestra capacidad para inspirar y guiar a otros, mientras que un trabajo en ventas puede destacar nuestras habilidades de comunicación y persuasión.

Por lo que cada experiencia laboral contribuye a nuestro autoconocimiento, ya que al revisar estas experiencias, podemos identificar habilidades que quizás no sabíamos que poseíamos, ofreciendo la oportunidad de reconocer áreas en las que necesitamos mejorar.

Nuestras posiciones y trabajos anteriores actúan como un espejo, reflejando nuestras fortalezas, debilidades y aspiraciones. Este capítulo explora cómo nuestras experiencias laborales pueden enseñarnos valiosas lecciones sobre nosotros mismos y en caso de no contar con experiencia, no te desanimes, seguramente haz desarrollado cualidades que pueden encajar en algún servicio.

Quiero pedirte, que no te dejes llevar por supuestos consejos de terceras personas que te dicen que lleves a cabo alguna actividad que desconoces y que te dejará mucho dinero, eso no funciona. Ya que lo único que pasa, es que te venden unicornios blancos, que una vez que te dedicas a ello o que desconoces por completo como se maneja, solo estarás adquiriendo problemas, en lugar de beneficios.

La vida te ha puesto el aprendizaje necesario y si en este momento estás leyendo estas líneas, es porque ya estás preparado para regresarle al Universo lo mucho que te ha dado y poder así, contribuir y brindar tu servicio de una manera más estructurada. Haz de cuenta que ya estás listo para realizar el viaje, ya tienes el vehículo preparado y lo que este libro te va ayudar, es a que te des cuenta por donde no debes circular para sortear esos obstáculos que se te presentan y poder llegar en el menor tiempo a tu destino.

Este ejercicio, te permitirá conocer e identificar cada una de tus competencias y habilidades que ya dominas, para que así sean focalizadas a un fin en específico.

Debemos entender que nuestras competencias y habilidades, se van desarrollando con la experiencia que nos va presentando la vida, con los problemas que vamos sorteando o resolviendo y en algunas ocasiones éstas difieren de nuestros pasatiempos o preferencias; aquí es cuando muchos podemos confundirnos, ya que siempre hemos tenido la creencia de hacer lo que nos gusta y no para lo que uno está destinado.

Y esto es muy importante que lo aclaremos, podemos ir en contra de nuestro propósito real e ir desgastándonos en la vida por querer hacer lo que nos gusta. Esto se debe, a que hemos sido objeto de la televisión, que se ha encargado de crear programas y contenidos que nos hacen creer que nosotros deberíamos hacer lo mismo o simplemente para mantener nuestra mente ocupada y fuera de la realidad.

A mí me pasó, me ha gustado desde muy pequeño el fútbol y la música y en algún momento pensé que a eso me iba a dedicar, sin embargo comprendí que sólo son distractores que envuelven el mundo de la mercadotecnia para que sea más fácil que consumamos los productos que están patrocinando.

23

Ideas para el desarrollo de un negocio feliz

A continuación te compartiré mi experiencia profesional, acompañada de algunos pasatiempos que tenía en ese momento y que no permití que desviaran mi atención para llevar a cabo mi propósito real.

Te ayudará a comprender que todo lo que necesitas saber se encuentra a tu alcance y disposición, sólo basta con echarle un vistazo a lo que está en ti. Es aquí donde encontrarás las respuestas necesarias que buscas para saber el giro o para quién va dirigido tus servicios.

Y si crees que aún te falta más experiencia, no te preocupes, ya que hay conocimientos que solo los vas a poder adquirir una vez que empieces con la nueva actividad a la que te dedicarás, ésta te dará lo necesario y te marcará la pauta que debes de seguir. Napoleon Hill es uno de los pioneros en el campo del desarrollo personal y la autoayuda. Su libro "Piense y hágase rico" es una de las obras más influyentes en este ámbito. Hill dedicó más de 20 años a estudiar a hombres de negocios exitosos, como Andrew Carnegie, Thomas Edison y Henry Ford, para identificar los principios comunes que llevaron a su éxito.

Hill enfatiza la importancia de la autosugestión y la mentalidad positiva para alcanzar el éxito. En su obra, introduce conceptos como el deseo ardiente, la fe y la autosugestión, y cómo estos pueden influir en nuestro subconsciente para alcanzar nuestros objetivos. Hill argumenta que nuestras creencias y pensamientos influyen directamente en nuestra capacidad para alcanzar el éxito. Aplicando estos principios al autoconocimiento, podemos usar afirmaciones y visualizaciones para fortalecer nuestras creencias en nuestras habilidades y potencial.

Por ejemplo, Hill sugiere que debemos escribir nuestras metas y leerlas en voz alta todos los días. Esta práctica no solo nos mantiene enfocados en nuestros objetivos, sino que también refuerza nuestra creencia en nuestra capacidad para lograrlos. Al aplicar esta técnica, podemos descubrir qué es lo que realmente queremos en la vida y cómo nuestras experiencias pasadas nos han preparado para alcanzarlo.

Gus Dimas

Ideas para el desarrollo de un negocio feliz

Otro autor influyente en el campo del desarrollo personal es T. Harv Eker, su libro "Los Secretos de la Mente Millonaria" explora cómo nuestras creencias y patrones de pensamiento sobre el dinero y el éxito influyen en nuestra capacidad para alcanzar la riqueza. Eker argumenta que todos tenemos un "termómetro financiero" que determina nuestro nivel de éxito financiero. Este termómetro está formado por nuestras creencias subconscientes sobre el dinero, muchas de las cuales adquirimos en nuestra infancia.

Eker introduce el concepto de los "archivos de riqueza" y sugiere que, para cambiar nuestros resultados financieros, debemos reprogramar estos archivos. Esto implica identificar y cambiar nuestras creencias limitantes sobre el dinero. Por ejemplo, si creemos que "el dinero es la raíz de todos los males", es probable que inconscientemente saboteamos nuestras oportunidades de ganar dinero.

Aplicando las ideas de Eker al autoconocimiento, podemos examinar nuestras creencias sobre el éxito y el fracaso. ¿Creemos que merecemos tener éxito? ¿Nos sentimos cómodos con la idea de ser ricos y exitosos? Al responder a estas preguntas, podemos identificar creencias limitantes que nos impiden alcanzar nuestro verdadero potencial y trabajar para cambiarlas.

Apoyarnos en las ideas de autores como Napoleon Hill y T. Harv Eker, quienes han profundizado en los temas del éxito y el autoconocimiento nos permitirá tener una mayor confianza en dar ese paso que necesitamos y que nos permita situarnos en la posición que queremos o emprender el proyecto que anhelamos.

Para profundizar en el autoconocimiento, es útil emplear técnicas prácticas como llevar un diario de reflexiones sobre nuestras experiencias laborales. Este diario puede incluir preguntas como:

- ¿Qué disfruté más de esta posición?
- ¿Qué desafíos enfrenté y cómo los superé?
- ¿Qué habilidades desarrollé en este trabajo?
- ¿Qué me enseñaron mis errores?

Gus Dimas

Ideas para el desarrollo de un negocio feliz

Además, herramientas como el análisis FODA (Fortalezas, Oportunidades, Debilidades, Amenazas) y pruebas de personalidad pueden ofrecer perspectivas adicionales sobre nuestras capacidades y áreas de mejora.

El análisis FODA es una herramienta que nos permite evaluar nuestras fortalezas (habilidades y competencias que hemos desarrollado en nuestros trabajos anteriores), debilidades (áreas en las que necesitamos mejorar), oportunidades (posibilidades de crecimiento y desarrollo profesional) y amenazas (factores externos que pueden afectar nuestro rendimiento). Al aplicar este análisis a nuestras experiencias laborales, podemos obtener una visión más clara de nuestras habilidades y áreas de mejora.

Las pruebas o test de personalidad pueden proporcionarnos información valiosa sobre nuestras preferencias y comportamientos. Estas pruebas nos ayudan a comprender mejor cómo interactuamos con el mundo y cómo podemos aprovechar nuestras fortalezas.

Por ejemplo, si descubrimos que tenemos una preferencia por la extroversión, podemos buscar roles que impliquen interacción social y trabajo en equipo. Si somos más introvertidos, podemos optar por trabajos que nos permitan concentrarnos en tareas individuales.

En resumen, nuestras experiencias laborales son una fuente invaluable de autoconocimiento. Al reflexionar sobre ellas y aplicar los principios de autores inspiradores como Napoleon Hill y T. Harv Eker, podemos descubrir nuestro verdadero yo y dirigir nuestras vidas hacia el éxito y la realización personal. Te invito a comenzar este viaje de introspección y a aplicar estos principios en tu vida diaria para conocerte mejor y alcanzar tus metas. Recuerda que el autoconocimiento no es un destino, sino un viaje continuo. Cada experiencia, cada éxito y cada fracaso nos ofrecen una nueva oportunidad para aprender y crecer. Al entendernos mejor a nosotros mismos, podemos tomar decisiones más informadas y alineadas con nuestros verdaderos valores y aspiraciones.

Gus Dimas

Ideas para el desarrollo de un negocio feliz

Quiero señalar que cuando digo emprender, no solo me refiero a emprender un negocio, sino también me refiero a emprender un nuevo proyecto, ocupar una nueva posición en la empresa en la que trabajas o bien a cambiar de organización a una que te permita trascender y dejar un legado.

Toma la decisión de cuánto dinero quieres ganar y no solo ganar lo que te quieran pagar. Tú debes tomar el control de tu vida y si crees que no te están pagando lo justo por lo que haces, no esperes y sal a buscar la oportunidad que te corresponde. Toma la decisión de dónde te gustaría trabajar. Toma la decisión sobre qué habilidades te gustaría desarrollar y emprende la acción. Toma la decisión de lo que harás de aquí en adelante con respecto a tu vida y que te permite que estés ganando lo que realmente quieres.

Así también te recomiendo no buscar tu desarrollo personal sólo con la idea de ser productivo y te genere mayores ingresos o para complacer a tu jefe; debes de buscar el desarrollo personal ya que es la llave que te permite alcanzar tus sueños y ello te hará sentir feliz.

Elbert Hubbard, uno de los más grandes pensadores estadounidenses dijo: "La autodisciplina es la llave del éxito". Para Hubbard, "la autodisciplina es la habilidad de obligarte a hacer lo que deberías en el momento que deberías, tengas ganas de hacerlo o no".

No pongas tus sueños y tu propósito de vida
en las manos de otras personas, éstas no
van a tener el mismo compromiso que tú,
para llevarlas a cabo.
Gus Dimas.

Gus Dimas

Aprende a conocerte

El autoconocimiento es esencial para el crecimiento personal y profesional. Identificar y desarrollar nuestras habilidades y competencias nos permite alcanzar nuestro máximo potencial y vivir una vida más satisfactoria y significativa. Como te he mencionado, en este capítulo, exploraremos cómo descubrir nuestras habilidades y competencias, tomando como referencia mi vida profesional

Mi experiencia laboral inicia a mediados de los años 90´s, cuando tenía la edad de 19 años, más obligado por la necesidad que por gusto. Quería continuar en ese entonces con mis estudios universitarios y la única manera que tenía era que yo cubriera el pago de colegiaturas, para ello tenía que empezar con esta travesía. Tuve en ese entonces la fortuna de colocarme muy rápido y empezar a brindar mis servicios como cajero en una sucursal de Banco Serfín (ahora Santander) ubicado en las Lomas de Chapultepec, Ciudad de México. En el mismo edificio donde se encontraba la sucursal bancaria, también estaría la oficina de uno de los embotelladores de Pepsi, así como de la Fundación Lorena Alejandra Gallardo, institución de asistencia privada, que apoya el desarrollo integral de las y los jóvenes mexicanos universitarios con potencial de ser agentes de cambio. Ambas oficinas, marcarían un rumbo a mi vida en los siguientes años.

Al cursar el segundo semestre de la Licenciatura en Administración de Empresas, me di cuenta que el sueldo que percibía, se me iba de las manos en colegiatura y gastos de alimentación, pasajes y libros. Por lo

29

Ideas para el desarrollo de un negocio feliz

que me llegó el deseo de tener un mejor ingreso y que mi sueldo no se fuera sólo en solventar los gastos mencionados.

Cuando uno se hace consciente de lo que pasa realmente en su vida, la mente se encarga de buscar la solución a cualquier problema que se presente y ésta no fue la excepción, muy pronto obtuve un par de becas, una por medio de la Universidad donde estudiaba y otra por parte de la fundación Lorena Alejandra Gallardo, I.A.P. ambas por alto rendimiento académico.

Recuerdo muy bien que fueron las primeras veces que veía en una de mis boletas calificaciones que superaban el ocho, por lo que se imaginarán que anteriormente no fui un alumno que destacara precisamente por su buen aprovechamiento en las aulas, sin embargo nunca quité de mi cabeza el objetivo que me había planteado de niño, que era de cursar estudios universitarios y ser un profesionista.

Les puedo decir que cuando uno alcanza un buen nivel en cualquier profesión, difícilmente lo abandona y fue así mi caso, ya que el buen promedio obtenido en la licenciatura, me permitió cursar la Maestría en Habilidades Directivas, en la Universidad Tecnológica de México (UNITEC).

Más adelante, también tuve la oportunidad de cursar un Diplomado en Desarrollo de Altos Potenciales en ICAMI, institución donde se forman gran número de directivos y empresarios mexicanos.

Al cursar la universidad y estar trabajando en el Banco, también me daba tiempo para ir al gimnasio y hacer ejercicio y tomar clases de natación. Fue hasta entonces que pude enfrentar ese miedo que me paralizaba (nadar). Cuando uno confronta sus miedos, estos dejan de serlo y más adelante abordaremos este tema.

Para que me diera tiempo de ir al gimnasio antes de tomar mis clases en la universidad, ayudaba a la gente del área de procesos a realizar el balance de la sucursal y terminar operaciones en tiempo. Esto permitió también que muy pronto me ascendieran de puesto en la organización

30

Gus Dimas

y que a los dos años de antigüedad fuera el ejecutivo de cuenta más joven en dicha institución.

Con ello me doy cuenta, que las oportunidades vienen para la gente que se proyecta un objetivo y tiene la intención de llevarlo a cabo.

Este fue uno de mis primeros deseos cumplidos en el ámbito profesional. Ya que cuando era niño tenía contacto con personas a las que les lavaba su auto y éstas trabajaban como ejecutivos de una institución financiera y me había nacido el interés por algún día hacer lo mismo que ellos.

Uno va creando su futuro con lo que va pensando y sólo basta con sembrar esa semilla en nuestra mente para que una fuerza superior se encargue de germinar y verla crecer. Date cuenta como yo, que la mayoría de nuestros mejores resultados, siempre está interviniendo esa fuerza que te acompaña en todo momento.

Esa fuerza siempre te está dando ideas cuando se las solicitas o hace que las personas que tienen la solución a algún problema que se te presenta, llegue a ti como si fuera enviado exclusivamente para ayudarte.

Uno de los grandes errores que comete la gente,
es tratar de forzar su interés. Tú no eliges tus pasiones;
tus pasiones te eligen a ti.
Jeff Bezos.
Presidente y CEO de Amazon.

Gus Dimas

Ideas para el desarrollo de un negocio feliz

Al terminar la universidad, coincide en que me invitan a dirigir el área comercial de M. Domingo Internacional, una de las primeras empresas en México en importar los equipos laser para llevar operaciones quirúrgicas en hospitales. Ésta me permite tener experiencia en el sector salud y darme cuenta del grave problema que corre el mexicano si no modera el consumo de ciertos alimentos o bebidas.

Al cumplir el primer año prestando mis servicios, la empresa cambia de residencia, a Guadalajara, una de las ciudades más prósperas de México y que en algún momento de mi infancia me había nacido el interés de vivir ahí, decido que debo quedarme en la CDMX porque a los pocos meses concluiría mi tesis y mi trámite de titulación.

En 1999, una semana antes de presentar mi examen profesional, soy contratado para trabajar en el área de Promoción y Relaciones Públicas de la Universidad Tecnológica de México, ya que inauguraría en ese mismo año sus instalaciones del campus Atizapán. Dicha institución me permite tener también la experiencia como docente a nivel universitario de las materias en Administración y continuar mis estudios de posgrado. En ese entonces, distribuía mí tiempo en la docencia por las mañanas, seguido de trabajar en el área administrativa y por la tarde noche tomando clases de Posgrado, de esa manera transcurren los últimos 2 años de los 4 que estuve prestando mis servicios para UNITEC.

Posterior a ello, me hacen una propuesta para desarrollar un proyecto de apertura de un colegio, en donde me encargaría de toda la planeación, desde elegir el modelo educativo, la imagen, el nombre comercial, la selección y contratación del profesorado, hasta la parte de la captación del alumnado, todo ello en un lapso de 6 meses, actualmente sigue operando el Colegio del Bosque en la CDMX.

En este momento, inicio también mi primer negocio, una taquería ubicada en la zona norte del Estado de México, sin embargo no pasaron 3 años y tuve que cerrar, debido a la falta de atención de mi parte, en ese entonces trabajaba y no quería perder mi empleo por miedo a no tener un sueldo seguro. Esto es lo que a muchos les puede

32

estar sucediendo o piensan que pueden hacerse cargo de ambos y éstos requieren de cuidados especiales y la atención necesaria para que puedan prosperar, ya que el negocio de comida es muy demandante y te absorbe mucho de tu tiempo., lo cual yo desconocía por completo.

Después me incorporaría a la empresa Formación Ejecutiva Empresarial, dedicada a la capacitación de ejecutivos a nivel gerencial y directivos en las áreas de comunicación, relaciones personales, imagen y ventas para dirigir la parte comercial. Dentro de mi paso por la misma, logramos llevar a cabo, el Foro Nacional de Ventas en el WTC de la Ciudad de México con lleno total, evento que siguió año tras año. Así también pudimos desarrollar el proyecto de la primera escuela de ventas en México.

En Formación Ejecutiva Empresarial, estaría solo un año, ya que me invitan a trabajar a GEUSA, embotellador de Pepsi en México (actualmente GEPP), donde me establecería por 10 años como Gerente Comercial, teniendo experiencia en los mercados de Guadalajara, Puebla y CDMX.

En mi paso por GEUSA, me doy cuenta del alto consumo que se tiene en México por las bebidas azucaradas. En algunos lugares como Tlaxcala o zonas rurales de Puebla y Jalisco (lugares donde tuve presencia) me percaté que el consumo de refresco es lamentablemente mayor al del agua natural.

En los 2 últimos años de trabajar en Pepsi, emprendí el negocio de una lavandería, junto con una rosticería (venta de pollo listo para su consumo) sin embargo, sigo sin darme cuenta que un negocio requiere que tengas conocimiento del mercado al cual te vas a enfocar para saber cómo es su desempeño y si se requiere de alguna habilidad en especial.

Antes de dejar de trabajar en Pepsi, me nace el deseo de trabajar en una empresa de comunicaciones, con un horario más flexible que el que tenía en ese momento y que no me ocupara de lunes a sábado. Al poco tiempo esa oportunidad me llega por medio de Telefónica

Ideas para el desarrollo de un negocio feliz

Movistar que me invita a prestar mis servicios como Gerente de Zona del área comercial.

Al cumplir dos años de trabajar en la empresa de comunicaciones, me doy cuenta de que seguía teniendo la intención de seguir creciendo profesionalmente y me incorporo como Gerente Comercial en Bebisa Nutri Aloe, en la que me dedico a ofrecer proyectos de maquila de bebidas a nivel nacional.

Al voltear y ver las experiencias que tuve, me doy cuenta que todas ellas nacieron de un deseo e intención por trabajar en dichas instituciones. Como si ellas me hubiesen buscado y salido a mi encuentro.

Es aquí cuando digo que el Universo ya nos tiene algo preparado para cada uno y que nos va ir conduciendo a lo que debemos de aprender e ir resolviendo problemas que nos permitirán tener las habilidades necesarias para el momento indicado del emprendimiento.

Te invito a que aceptes la vida tal como se vaya presentando, no te resistas, aún no sabes lo que tiene el destino preparado para ti, sin embargo te puedo decir que estará lleno de oportunidades, que te permitirán descubrir cuál será tu propósito de vida, que es la meta más alta que uno puede alcanzar y que te llenará de dicha y felicidad.

Quiero agradecer y reconocer a todas las personas que se han cruzado en mi camino, debo decir que mi experiencia y mi conocimiento, se componen del conjunto de habilidades aprendidas de cada una de ellas.

También agradezco a todos mis mentores (algunos que sólo pude conocer a través de sus lecturas, pero impregnaron de igual manera la semilla del conocimiento en mi persona), otros por medio de las aulas u oficinas forjaron mi carácter. De todos ellos trataré de compartir lo aprendido y que ha permitido que mis deseos se transformen en una realidad.

Ideas para el desarrollo de un negocio feliz

Si bien llegué en el ámbito escolar hasta el grado de Maestría en escuelas particulares, quiero hacer hincapié que nunca estuvo a mi alcance contar con el dinero necesario para que se llevarán a cabo, sin embargo mi deseo de alcanzar ese nivel era muy distinto y siempre mantuve la fe.

En la Declaración de Independencia de los Estados Unidos, se proclama el derecho a "la vida, la libertad y la búsqueda de la felicidad". En este contexto, la felicidad se entiende como prosperidad.

Conocer nuestras habilidades y competencias es fundamental para nuestro desarrollo. Nos permite enfocarnos en lo que hacemos mejor, aprovechar nuestras fortalezas y trabajar en nuestras áreas de mejora. Además, el autoconocimiento nos ayuda a tomar decisiones más informadas sobre nuestra carrera y nuestras metas personales.

No todos podemos ser famosos,
pero todos podemos ser grandes.
La grandeza es determinada por el servicio.
Martin Luther King Jr.
Activista social.

Gus Dimas

Ideas para el desarrollo de un negocio feliz

Notas a considerar:

- El cambio de mentalidad, es fundamental para emprender cualquier proyecto y lograr los resultados que quieres.

- Esfuérzate, concéntrate y con voluntad propia, lograrás romper con el ciclo de limitación que te has impuesto.

- Conocer tus habilidades y capacidades, ya que en ti se encuentra un activo muy importante que debes emplear para crear tu propósito de vida.

- Las oportunidades vienen para la gente que está consciente, se prepara y corre el riesgo de llevarlas a cabo en el momento que se presenten.

- Uno va creando su futuro con los pensamientos y acciones que está tomando en el presente, cuida mucho de ellos si quieres obtener los mejores resultados.

- El éxito, se inicia con el orden de tus pensamientos.

- Nuestras experiencias laborales son una fuente invaluable de autoconocimiento.

- El autoconocimiento no es un destino, sino un viaje continuo.

- Conocer nuestras habilidades y competencias es fundamental para nuestro desarrollo.

Gus Dimas

Tabla 1. ¿QUÉ DESEAS CON MAYOR PASIÓN?

Este espacio, es para que describas brevemente, por qué es importante llevar a cabo este deseo. Haz una descripción de lo que quieres llevar a cabo, NO pienses en los medios, sólo concéntrate hasta dónde puedes llegar.

¿Por qué quiero llevar a cabo este cambio en mi vida y quienes se verían beneficiados?

Ideas para el desarrollo de un negocio feliz

Gus Dimas

Descubre tus habilidades y competencias

Una vez que me di cuenta de quién era, de saber en qué me había preparado el destino, esa escuela de la vida que muchos pasan desapercibida y no le dan el valor que le corresponde, de saber cuáles son mis competencias, me dispuse a dar el salto cuántico, ese brinco de pensamiento que nos llega en el momento en el que sabemos que estamos preparados y decididos a ir por más.

Es importante que desde este momento empieces a construir una visión clara de lo que quieres que llegue a tu vida. ¿Cómo te gustaría que te vieras en 5 años? ¿Cuánto te gustaría estar ganando? ¿Dónde te gustaría vivir? ¿Cómo sería la casa donde estarías viviendo? ¿Qué carro conducirías? ¿Dónde te gustaría viajar? Tendrás que enfocarte en ti y lo que quieres para tu vida, de ti depende que es lo que construyas en esta visión, esa es tu responsabilidad y de nadie más.

No pienses en tu condición actual, o por lo que has vivido en el pasado, desapégate del tiempo y de las situaciones que en algún momento te marcaron, eso ya pasó y no permitas que sigan aferrándose a ti. La vida ya se encargó de ponerte las pruebas necesarias para que aprendieras de ellas y ahora son parte de tus habilidades y competencias.

Es por ello importante que si aún no tienes claro cuál es tu objetivo, propósito o el negocio al que te quieres dedicar, te recomiendo hacer

39

Ideas para el desarrollo de un negocio feliz

un listado con cada una de tus habilidades y competencias que has desarrollado en el transcurso del tiempo, mismas que te van ayudar a tomar una decisión más certera de la idea qué quieres para vivir una vida más plena y feliz.

Muchas personas que emprenden y que terminan abandonando muy rápido su proyecto, es porque desconocen las habilidades que se requieren para desarrollarlo, solo emprenden porque se lo sugirieron, porque pensó que era una gran oportunidad, o vio que estaba de moda ese negocio y se le hizo fácil emprenderlo, sin darse cuenta que el mundo corporativo es lo que mejor les viene o en donde pueden encontrar su propósito.

Por ejemplo, en este momento creo tener la capacidad de relacionarme, ser persistente y saber escuchar de una manera más fácil y esto gracias a que fui desarrollando estas habilidades en el tiempo que he prestado mis servicios, ya 25 años, mismos que ahora entiendo a lo que me llevaron o el aprendizaje que pude obtener de ellos.

Estas habilidades han sido fundamentales al momento de dar a conocer mis productos y servicios a los que actualmente me dedico, ya que el saber escuchar a tus prospectos y llevar a cabo una buena comunicación con ellos, me ha permitido que puedan ser clientes en la mayoría de las veces.

La vida puede mejorar absolutamente,
no se trata de las cosas que tienes;
es en quién te has convertido en el proceso
y que tienes la oportunidad de llevar a todas partes.
**Jordan Belfortd
(El lobo de Wall Street).**

40

Gus Dimas

Ideas para el desarrollo de un negocio feliz

Puedo decir también, que aprendí a ser una persona **empática**, ya que al preocuparme de las necesidades de los demás, consigo que se sientan comprendidos, escuchados y emocionalmente recogidos; fundamental para cuando uno emprende un proyecto de negocio con giro de servicios.

Desarrollé la habilidad para **negociar y detectar necesidades** en la gente, considerando alternativas de solución y resolviendo problemas sin incurrir a conflicto con mis clientes.

Aprendí a ser una persona con amplio **sentido de optimismo** y todas las situaciones que se me presentan en la vida, las trato de ver, encarar y nunca juzgar, ya que todo considero que nos deja algo de aprendizaje.

Otra de las cualidades que he desarrollado, es estar **atento al momento presente**. Soltando el pasado es permitir tener las manos vacías listas para recibir lo que se presenta en la vida. De lo contrario nos podemos estar perdiendo de muchas oportunidades.

Esto me llevó a ser **curioso**, y mantiene a mi mente activa. Cuando una persona se vuelve curiosa, por lo regular se hace muchas preguntas y probablemente acabarás haciendo una que nadie ha hecho con anterioridad y te permita generar nuevas ideas que terminen siendo el desarrollo de un nuevo proyecto de emprendimiento.

Actualmente considero que es básico seguir aprendiendo por su cuenta y esto lo puede uno hacer mediante la lectura de libros que sean de tu interés pero siempre buscando el desarrollo personal.

Todo el mundo tiene talento,
es solo cuestión de moverse hasta descubrirlo.
George Lucas.
Productor de cine.

Ideas para el desarrollo de un negocio feliz

Cabe señalar que los países donde tienen el hábito de lectura, coinciden con que son también los países más ricos del planeta. De ahí la importancia a continuar aprendiendo por cuenta propia. Esta habilidad me ha permitido adquirir nuevos conocimientos, mismos que han sido fundamentales en mis prácticas como docente o capacitador.

Otra habilidad que considero importante al emprender un cambio y que tendrás que hacerla tuya es la **determinación**, que es cuando una persona toma la decisión con alto grado de confianza y seguridad. Ésta se va logrando al aceptar que el fracaso es parte del proceso que tendrás como agente de cambio, sin embargo una vez que lo superas estarás tomando decisiones más acertadas.

Comunicación asertiva, es otra habilidad que te ayudará si te propones a ofrecer un servicio, ya que las personas son diferentes y tendrás que ir desarrollando la facilidad para saber atender como le gustaría ser tratado a tu cliente y no tanto como tú eres. Es decir, debes de saber actuar dependiendo la obra teatral.

Organización, una vez que hayas visualizado lo que deseas hacer, también será necesario que te imagines cómo será tu vida, tus pasatiempos, cuánto tiempo destinarás para tu familia y para ti. Respetar el tiempo de los demás como el tuyo, para así llevar a cabo correctamente el desarrollo de tu vida profesional o de negocio.

Será de suma importancia al emprender un cambio en tu vida, que te encuentres motivado, por lo que debes de buscar que es lo que te mueve a llevar a cabo este viaje que para algunos son los hijos, para otros es la pareja, los padres, tener una mejor calidad de vida, etc. Por lo que tendrás que llenarte de energía a diario y eso lo podrás conseguir mediante frases o biografías de personalidades que admires y que te inspiren sus logros.

Al tener una frase que despierte esa energía que llevas dentro, trata de asociarla con aquella persona que te mueve a emprender ese cambio, ya que estarás llevando en ese momento un proceso creativo que te permitirá traer a ti lo que tanto deseas.

Gus Dimas

Ideas para el desarrollo de un negocio feliz

Joe Dispenza es un neurocientífico, conferencista y autor de varios bestsellers que combinan ciencia y espiritualidad para explorar el potencial del cerebro humano. Con una formación en bioquímica y neurociencia, Dispenza ha dedicado su carrera a estudiar cómo el cerebro puede ser reprogramado para crear una vida mejor. Sostiene que el cerebro es altamente plástico y que podemos reprogramarlo mediante la neuroplasticidad. Según él, nuestras creencias, pensamientos y emociones tienen un impacto directo en nuestra biología y comportamiento. Al cambiar nuestra mentalidad, podemos transformar nuestras vidas y descubrir habilidades y competencias ocultas.

Dispenza sugiere varias técnicas para reprogramar el cerebro, como la meditación y la visualización. Estas prácticas nos permiten acceder a nuestro subconsciente y modificar patrones de pensamiento limitantes. Al visualizar nuestras metas y habilidades ideales, podemos empezar a manifestar estas cualidades en nuestra vida diaria.

Para descubrir nuestras habilidades y competencias siguiendo los principios de Dispenza, podemos practicar la meditación diaria y la visualización. Dedica unos minutos cada día para meditar y visualizarte utilizando tus habilidades en diferentes situaciones. Imagina cómo te sentirías y cómo actuarías al usar estas competencias. Con el tiempo, estas visualizaciones pueden ayudarte a desarrollar y fortalecer tus habilidades.

Esto es el camino del emprendedor, darse cuenta de que está lleno de pruebas y obstáculos, que solo algunas personas están dispuestas a pasarlas y que lo que te hace diferente, con respecto a las que no logran superarlas o no intentan tomar esta decisión, es saber qué es lo que realmente quieres lograr y qué tanto estás dispuesto a sacrificar para conseguirlo.

Otro autor contemporáneo que te recomiendo que leas es el médico cirujano español Mario Alonso Puig, quien ha combinado su experiencia médica con su interés por el desarrollo personal para ofrecer una perspectiva integral sobre el potencial humano.

43

Ideas para el desarrollo de un negocio feliz

Puig sostiene que el cerebro humano tiene un potencial enorme que a menudo no se aprovecha plenamente. Argumenta que nuestras creencias y emociones tienen un impacto significativo en nuestra salud y rendimiento. Al cambiar nuestras creencias limitantes y adoptar una mentalidad de crecimiento, podemos desbloquear nuevas habilidades y competencias.

Uno de los conceptos centrales de Puig es la neuroplasticidad, la capacidad del cerebro para reorganizarse y adaptarse a nuevas experiencias. Al adoptar una mentalidad de aprendizaje continuo y exponernos a nuevas experiencias, podemos desarrollar nuevas habilidades y competencias.

Para aplicar los principios de Puig, es útil adoptar una mentalidad de crecimiento y estar abiertos a nuevas experiencias. Identifica áreas en las que te gustaría mejorar y busca oportunidades para aprender y practicar. Esto podría incluir tomar cursos, participar en talleres o buscar mentores que puedan guiarte en tu desarrollo.

Tómate un tiempo para reflexionar sobre tus experiencias pasadas y lo que has aprendido de ellas. Pregúntate:

- ¿Cuáles son mis mayores logros?
- ¿Qué habilidades utilicé para alcanzar estos logros?
- ¿Qué actividades disfruto y en cuáles soy naturalmente bueno?

Pide feedback a colegas, amigos y familiares sobre tus habilidades y competencias. A veces, los demás pueden ver fortalezas en nosotros que no reconocemos fácilmente. Pregunta a las personas en tu entorno qué creen que haces bien y cómo puedes mejorar.

No tengas miedo de probar cosas nuevas. Participar en actividades fuera de tu zona de confort puede revelar habilidades ocultas. Además, comprométete con el aprendizaje continuo. Tomar cursos, asistir a talleres y leer libros sobre temas de interés pueden ayudarte a desarrollar nuevas competencias.

Gus Dimas

Ideas para el desarrollo de un negocio feliz

Aquellos que estamos dispuestos a emprender, debemos estar conscientes que pasaremos por un proceso en el que dejaremos atrás la forma en que veníamos haciendo las cosas. Ya que nos enseñaron desde pequeños que teníamos que trabajar muchísimo para lograr resultados exitosos, cuando en realidad son éstos los que llegan mediante una fuerza divina que está siempre presente en cada uno de nosotros, esperando que nos hagamos siempre conscientes de nosotros.

Es momento de evolucionar, de que te des cuenta de que la labor más importante que tendrás que hacer a diario es crear esa foto mental de tu empresa, es imaginar lo que quieres para tu vida, en otras palabras, es aceptar mediante la visualización que ese deseo que tanto habías anhelado ya es una realidad y que viene a ti para su encuentro.

Toma ese control de tu vida y cambia ya la película que quieres estar viendo en tu vida a diario, sólo déjate llevar a ese estado de consciencia infinita que se encuentra en ti, que te pide que confíes en plena tranquilidad, que si has imaginado correctamente lo que quieres, llegará a ti.

Quizá al principio te cueste mucho trabajo creerlo, ya que has sido programado a trabajar y vivir del pasado y con ello todas las frustraciones que has vivido al querer intentar algo y no poderlo obtener, sin embargo dame ese voto de confianza y permíteme ayudarte a llevar a cabo lo que quieres emprender.

Quizá ya lo hayas visto en otros libros, documentales o hasta en películas infantiles, de que uno puede obtener lo que desea con el simple hecho de estarlo imaginando y eso es verdad, sin embargo tantos miedos se han acumulado en uno, que en ocasiones le impiden ver más allá de ellos y se convierte en un obstáculo de nuestro proceso creativo, esa es la razón por la que no obtenemos los resultados esperados.

Abre la puerta a la libertad que tendrás y que muchos han olvidado que existe. Esto será sin duda, de las mejores experiencias que puedas

Gus Dimas

tener y el legado que podrás dejar a tus hijos, a no tener miedo a lo desconocido. Estoy seguro que ellos te darán la fuerza para que lleves a cabo este gran salto en tu vida.

Descubrir nuestras habilidades y competencias es un proceso continuo que requiere introspección, apertura a nuevas experiencias y una mentalidad de crecimiento. Al conocernos mejor y aprovechar nuestras fortalezas, podemos vivir una vida más plena y alcanzar nuestras metas personales y profesionales. Te invito a comenzar este viaje de autodescubrimiento y a aplicar estos principios en tu vida diaria para descubrir y desarrollar tus habilidades y competencias.

Actúa en consecuencia de tus objetivos.
Sé optimista y demuéstralo. Ve oportunidades en las dificultades y utiliza los fracasos como oportunidades.
Prepárate para luchar y no gastes energía en lo que no vale la pena. Sé un protagonista del cambio y no te rindas por las épocas difíciles.
Dr. Mikhail Litvak.
Psicoterapeuta Ruso.

Ideas para el desarrollo de un negocio feliz

Notas a considerar:

- El destino, esa escuela de la vida que muchos pasan desapercibida y no le dan el valor que le corresponde, será tu guía al emprender tu camino.

- Toma el control de tu vida, o de lo contrario el miedo, el pasado y el ego te seguirá controlando.

- Tus competencias y habilidades es tu mejor activo y siempre están a tu disposición.

- Suelta ya el pasado, es una carga que cada vez es más pesada.

- Así como a tu casa que sólo pueden entrar personas de confianza, ciérrale la puerta a los pensamientos negativos y ten siempre presente una frase que te inspire y asóciala con la persona que más quieras.

- El proceso creativo de pensar, imaginar y crear en tu mente el futuro que quieres, es la tarea más importante que tienes a diario.

- Al visualizar nuestras metas y habilidades ideales, podemos empezar a manifestar estas cualidades en nuestra vida diaria.

- Neuroplasticidad, la capacidad del cerebro para reorganizarse y adaptarse a nuevas experiencias.

Gus Dimas

Tabla 2. **¿Por qué es importante tener presente la foto mental de mi emprendimiento?**

Este espacio, es para que describas brevemente, cuáles son tus habilidades desarrolladas.

¿Qué habilidades me sirven para llevar a cabo este cambio en mi vida?

¿Ve imaginando cómo te verías al llevar a cabo el cambio que esperas?

Idea 2 **Problemas que te hacen crecer**

Los problemas son los que nos hacen crecer,
esculpen nuestra alma, nos hacen ser más.
Tu problema es tu regalo.
Qué estándar inferior has tolerado
para que esto aún siga en tu vida
Tony Robbins
Conferencista y Empresario.

Ideas para el desarrollo de un negocio feliz

Adversidad

¿Qué obstáculos te han impedido emprender un cambio en tu vida, o te han retrasado tomar esta decisión? Son preguntas que muchos nos hemos hecho y que pocos se atreven a buscar respuesta.

Para fines de este libro, vamos a comentar algunas barreras u obstáculos que son los que considero que en algún momento pueden estar frenando a muchas personas a emprender un cambio que le permita tener una mejor calidad de vida. Recuerda que al principio te comentaba que si algo no te hace clic, sólo te pido lo deseches y continúes leyendo.

Antes de pasar a las barreras que están frenando tu crecimiento, quiero tocar un tema no menos importante que se presenta muy seguido en nuestra vida, común mente llamado problema y que no son más que joyas de aprendizaje que nos van permitiendo crecer y formarnos de carácter.

La adversidad es una constante en la vida, pero cómo la enfrentamos y qué aprendemos de ella determina nuestro crecimiento personal y profesional. Este capítulo explora cómo convertir la adversidad en una oportunidad para crecer.

La adversidad nos obliga a salir de nuestra zona de confort, a enfrentarnos a nuestros miedos y a encontrar soluciones creativas a los

51

problemas. Nos desafía a crecer y a desarrollar resiliencia. La clave está en cómo respondemos a estas situaciones difíciles.

Mencionaré algunos autores que pudiera decir que han sido líderes de opinión y que nos pueden transmitir confianza, ya que ellos abordan la adversidad desde su experiencia y conocimiento. Cada autor nos ofrece valiosas herramientas y perspectivas para transformar la adversidad en una oportunidad de crecimiento. Al aplicar estos principios en nuestra vida diaria, podemos desarrollar nuestra resiliencia, descubrir nuestro verdadero potencial y vivir una vida más plena y significativa.

Viktor Frankl fue un psiquiatra, neurólogo y sobreviviente del Holocausto austriaco, conocido por su obra "*El hombre en busca de sentido*". Si aún no has leído este libro, te invito a hacerlo. Es el fundador de la logoterapia, una forma de psicoterapia que se centra en encontrar el sentido y el propósito en la vida. Frankl sostiene que encontrar un sentido y un propósito en la vida es esencial para superar la adversidad. Incluso en las circunstancias más difíciles, podemos encontrar un sentido profundo que nos da la fuerza para seguir adelante. Enfatiza la importancia de la actitud y la capacidad de encontrar significado en el sufrimiento.

Frankl argumenta que aunque no siempre podemos controlar nuestras circunstancias, podemos elegir nuestra actitud hacia ellas. La adversidad nos brinda la oportunidad de encontrar un significado más profundo en nuestras experiencias. Destaca la capacidad de trascender el sufrimiento personal mediante la búsqueda de un propósito mayor. Esta trascendencia nos permite ver más allá de nuestros problemas inmediatos y encontrar una razón para seguir adelante.

Otro autor y conferencista alemán que quiero compartir por su autoridad en el tema es Eckhart Tolle, conocido por su obra "*El poder del ahora*". Tolle es uno de los maestros espirituales más influyentes de nuestro tiempo, y su trabajo se centra en la importancia de la presencia y la conciencia en el momento presente.

52

Ideas para el desarrollo de un negocio feliz

Tolle sostiene que la clave para superar la adversidad es vivir plenamente en el presente. Gran parte de nuestro sufrimiento proviene de nuestra resistencia al momento presente y nuestros pensamientos sobre el pasado y el futuro. Enfatiza la importancia de la aceptación y la conciencia plena. Al enfrentar la adversidad, debemos aceptar la situación tal como es y encontrar paz en el momento presente. Tolle sugiere que el sufrimiento a menudo proviene de nuestra identificación con el ego y nuestras historias personales. Al des identificarnos del ego, podemos experimentar una mayor libertad y resiliencia. Observa tus pensamientos y emociones sin identificarte con ellos. Reconoce que tú no eres tus pensamientos, y esto te permitirá enfrentar la adversidad con mayor serenidad y claridad.

Napoleon Hill sostiene que la adversidad y el fracaso son ingredientes esenciales para el éxito. Cada fracaso lleva consigo la semilla de un beneficio equivalente. Hill enfatiza la importancia de la persistencia y la fe. Al enfrentar la adversidad, debemos mantenernos firmes en nuestros objetivos y creer en nuestra capacidad para superarlos. Sé que es difícil o que cuesta trabajo mantenernos firmes ante un problema, sin embargo no debemos de colapsar, ya que todo problema es pasajero.

Brian Tracy es un autor, orador y consultor canadiense, conocido por su trabajo en el desarrollo personal y profesional. Tracy ha escrito más de 70 libros y ha ayudado a millones de personas a alcanzar sus metas a través de la disciplina y la acción efectiva. Tracy sostiene que la clave para superar la adversidad es la disciplina y la acción constante. Debemos establecer metas claras y tomar medidas diarias para alcanzarlas. Enfatiza la importancia de la autoeficacia y la responsabilidad personal. Al enfrentar la adversidad, debemos mantenernos enfocados en nuestras metas ya que nos dan dirección y propósito, especialmente durante tiempos difíciles. Se dice que en momentos difíciles llegan también las oportunidades, por lo que nos aconseja superar la procrastinación y mantener una alta productividad para seguir adelante en busca de nuestros objetivos.

Gus Dimas

Ideas para el desarrollo de un negocio feliz

Quizás te estés preguntando por qué es tan importante dejar en claro el tema de la adversidad y cómo superarla, sin embargo siempre que estemos dispuestos a llevar a cabo un cambio en nuestra vida, se corre un riesgo, el cual debemos de prepararnos para asumirlo y sortearlo de la mejor manera. Es por ello que te seguiré compartiendo algunos de los pensamientos de autores que han abordado el tema y que nos permitirá darnos contexto para saber abordar cuando se presente un problema y no caer en crisis o en una parálisis mental.

Anthony Robbins es otro autor, coach y conferencista motivacional estadounidense conocido por su trabajo en el desarrollo personal y la psicología del éxito. El cual ha ayudado a millones de personas a transformar sus vidas. También existe un documental en la plataforma de Netflix que lleva como título "No soy tu gurú", te lo recomiendo muchísimo si estás en el momento de llevar un cambio profundo en tu vida.

Robbins sostiene que nuestras decisiones, no nuestras condiciones, determinan nuestro destino. La adversidad nos brinda la oportunidad de tomar decisiones poderosas que pueden cambiar el curso de nuestras vidas. Robbins enfatiza la importancia de la mentalidad y la acción masiva. Al enfrentar la adversidad, debemos tomar decisiones conscientes que nos impulsen hacia adelante en lugar de paralizarnos.

Según Robbins, la calidad de nuestras decisiones determina la calidad de nuestra vida. Cuando enfrentamos adversidad, podemos decidir ser víctimas de las circunstancias o tomar el control y buscar soluciones. Esta mentalidad de decisión es crucial para superar desafíos. Robbins enseña que no basta con tomar decisiones, sino que debemos respaldarlas con acciones masivas y consistentes. La acción es el puente entre las decisiones y los resultados. Al enfrentar adversidad, tomar acciones decisivas y persistentes puede ayudarnos a superar los obstáculos. Robbins destaca también la importancia de gestionar nuestras emociones durante tiempos difíciles. La adversidad puede desencadenar emociones negativas, pero aprender a controlarlas y redirigirlas hacia una energía productiva es esencial para el crecimiento.

54

Ideas para el desarrollo de un negocio feliz

Uno de mis mentores favoritos es Vishen Lakhiani, el fundador de Mindvalley, una empresa dedicada al desarrollo personal y la educación transformacional. También conocido por su enfoque innovador en el aprendizaje y el crecimiento personal, sostiene que la adversidad puede ser un catalizador para la transformación de la conciencia. Los desafíos nos invitan a cuestionar nuestras creencias y a expandir nuestra visión del mundo. Lakhiani introduce el concepto de "modelos de realidad" que son nuestras creencias y percepciones, quienes determinan cómo interpretamos y reaccionamos ante las situaciones. La adversidad puede ser una oportunidad para cuestionar y ajustar estos modelos para un crecimiento personal significativo. Al enfrentar la adversidad, podemos expandir nuestra conciencia y ver más allá de nuestras limitaciones actuales. Lakhiani sugiere que este proceso de expansión es clave para el crecimiento personal y la transformación.

Robin Sharma es un autor, conferencista y coach canadiense, conocido por su trabajo en el liderazgo personal y el desarrollo profesional. Sharma es autor del bestseller "*El monje que vendió su Ferrari*". Sharma sostiene que la adversidad es una oportunidad para desarrollar el liderazgo personal. Los líderes no nacen, se hacen a través de las experiencias difíciles y las decisiones valientes. Sharma enfatiza la importancia de la resiliencia y la capacidad de inspirar a otros en tiempos de dificultad. Al enfrentar la adversidad, debemos asumir la responsabilidad de nuestra situación y actuar con coraje y determinación. Nos explica que todos podemos ser líderes, sin importar nuestra posición o título. Los líderes verdaderos inspiran a otros y actúan con un espíritu de servicio. Durante la adversidad, liderar con empatía y apoyar a los demás puede fortalecer nuestro propio crecimiento.

Como te mencioné anteriormente, este capítulo proporciona una visión profunda y práctica de cómo la adversidad puede ser un motor de crecimiento personal, utilizando los conceptos y enseñanzas de algunos de los autores más influyentes en el campo del desarrollo personal.
A continuación abordaremos algunos obstáculos que seguramente te preocupan al momento de querer hacer un cambio en tu vida. Nos

55

referimos a todas aquellas circunstancias que impiden que llevemos a cabo ese salto cuántico que tanto anhelamos. Hay algunas que en gran medida dependen de nosotros y podemos trabajar en ellas y otras que aunque no dependen de nuestro control, si podemos hacer algo para que dejen de ser lo que nos esté frenando a lograr nuestro objetivo.

Barreras relacionadas con la falta de experiencia.

Puede que tengas toda la disposición, la actitud y las ganas de llevar a cabo un cambio en tu vida, pero consideras que no es suficiente debido a que has escuchado comentarios de personas cercanas a ti, que para lograr resultados debes de contar con una preparación académica ¿no es así? El desarrollo personal y profesional está profundamente influenciado por nuestra preparación.

La falta de preparación puede manifestarse de diversas maneras y convertirse en una barrera significativa para el desarrollo. Puede resultar en falta de confianza, errores evitables y oportunidades perdidas. La falta de preparación puede llevar a la inseguridad y la falta de confianza en nuestras habilidades.

La preparación es la clave para el éxito en cualquier ámbito. Ya sea en el ámbito profesional, académico o personal, estar bien preparado nos permite enfrentar desafíos con confianza y eficacia. La preparación implica adquirir conocimientos, desarrollar habilidades y planificar adecuadamente.

La preparación comienza con la adquisición de conocimientos relevantes. Esto incluye la educación formal, el aprendizaje autodidacta y la formación continua. Un médico que se mantiene al día con los últimos avances médicos está mejor preparado para ofrecer el mejor cuidado a sus pacientes. Además del conocimiento, es crucial desarrollar habilidades prácticas que se pueden aplicar en situaciones reales. Un atleta que entrena consistentemente mejora sus habilidades y aumenta sus posibilidades de éxito en competencias.

Ideas para el desarrollo de un negocio feliz

La preparación también implica planificar adecuadamente. Esto incluye establecer metas, crear estrategias y anticipar posibles obstáculos.

Si lo que buscas es emprender tu propio proyecto de negocio, te digo que para ser emprendedor es necesario contar con ciertos conocimientos, habilidades o competencias, pero no creas que las vas a desarrollar en los laboratorios de la escuela, esas te llegarán a ti por medio de lo que vayas experimentando en tu vida laboral y otras seguramente las obtendrás hasta que estés en el volante de tu emprendimiento. Un emprendedor que elabora un plan de negocios detallado tiene más probabilidades de atraer inversores y lograr el éxito.

Por lo que no te preocupes sino cuentas con estudios universitarios, ya que lo más importantes como te lo he venido mencionando, es que tengas claro cuál es tu objetivo (deseo) a qué te quieres dedicar, ya que de ahí tendrás que partir y considerar si ya cuentas con ciertas habilidades y competencias que has desarrollado en el transcurso de tu experiencia laboral o que tengas que complementar con algún curso.

Ya que si lo que estás buscando es obtener un mejor cargo en la empresa en la que te encuentras o salir a buscar la oportunidad en otra compañía, si te recomiendo que te especialices en dicha posición y te prepares con mejores herramientas que te permita ofrecer algo que te haga diferente a los demás. La falta de preparación puede llevar a perder oportunidades valiosas. Un estudiante que no estudia para un examen importante puede perder la oportunidad de obtener una beca.

¿Cómo superar los obstáculos educativos?

Es importante que comiences por identificar, qué conocimientos y habilidades has desarrollado (revisa tu tabla del ejercicio 2), para poder establecer un objetivo realista. Una vez que identifiques claramente estos aspectos, debes buscar la mejor forma de trabajar en ellos, tendrás que sacar el mayor provecho de ellos, son tu activo.

Gus Dimas

Ideas para el desarrollo de un negocio feliz

Definir metas claras y específicas es el primer paso para una preparación efectiva. Las metas proporcionan dirección y motivación, y ayudan a enfocar nuestros esfuerzos en lo que es verdaderamente importante. Las metas deben ser claras y específicas. Evita las metas vagas y define exactamente lo que deseas lograr. En lugar de decir "quiero mejorar en matemáticas", define una meta específica como "quiero obtener una calificación de 90% o más en mi próximo examen de matemáticas".

Asigna un plazo a cada meta para mantenerte enfocado y motivado. Asegúrate de que los plazos sean realistas y alcanzables. Por ejemplo, establece un plazo de tres meses para aprender una nueva habilidad o completar un proyecto. También te recomiendo dividir las metas grandes en tareas más pequeñas y manejables. Esto facilita el seguimiento del progreso y evita sentirse abrumado.

Participa en programas educativos formales, como cursos universitarios, talleres y seminarios. Inscribirse en un curso de posgrado para obtener conocimientos especializados en un campo específico. Utiliza recursos en línea, como tutoriales, cursos en línea y libros, para aprender de manera autodidacta.

Busca mentores o coaches que puedan ofrecer orientación y apoyo en tu desarrollo. Sobre todo si vas a emprender un negocio, te recomiendo que te acerques a alguien que ya haya recorrido ese camino y no solo te dejes llevar por aquellos maestros de escuela que lo que han aprendido ha sido a través del salón de clases.

Utiliza herramientas como calendarios, aplicaciones de gestión de tareas y listas de verificación para mantenerte organizado. Revisa y ajusta tu plan regularmente para asegurarte de que estás en el camino correcto. Haz ajustes según sea necesario para mantenerte enfocado y avanzar hacia tus metas.

Recuerda que es muy importante que te mantengas preparando de manera autodidacta, ya que solo así te mantienes en una frecuencia de estar listo para cuando se presente la oportunidad de crecimiento

58

profesional o de emprender un negocio. Cabe mencionar que algunos empresarios exitosos en el mundo, no concluyeron sus estudios, sin embargo desarrollaron una confianza tan grande que les permitió que sus negocios fueran muy prósperos.

Barreras relacionadas con el dinero.

La falta de recursos o dinero puede ser una barrera significativa para el desarrollo personal y profesional. Aunque el dinero no lo es todo, su ausencia puede limitar el acceso a oportunidades educativas, experiencias de crecimiento y recursos esenciales. En este capítulo también vamos a explorar cómo la falta de recursos financieros puede frenar el desarrollo, sin embargo te daré algunas estrategias prácticas para superar esta barrera.

Los recursos financieros son fundamentales para acceder a educación, formación, y oportunidades de desarrollo. La falta de dinero puede limitar nuestras opciones y frenar nuestro crecimiento en varios aspectos. Por ejemplo, muchos estudiantes talentosos no pueden asistir a universidades prestigiosas debido a la falta de recursos económicos.

Los recursos financieros permiten invertir en oportunidades de crecimiento profesional, como cursos de formación, certificaciones, conferencias y redes de contactos.

La falta de dinero puede causar estrés y ansiedad, afectando negativamente la salud mental y el bienestar general. Por ejemplo, la preocupación constante por las finanzas puede impedir que una persona se concentre en sus estudios o en su trabajo.

Gus Dimas

Ideas para el desarrollo de un negocio feliz

Existe una gran cantidad de personas que por la falta de este recurso se limitaron a emprender, sin embargo muchos otros no claudicaron y vieron la manera de hacerse de recursos financieros. Es aquí que tendrás que echar mano de tus habilidades para conseguir algún préstamo. Siempre te ayudará el que ya cuentes con un proyecto en papel de lo que será tu negocio, ya que al momento de solicitar un préstamo tendrás mayor credibilidad y confianza para el que te apoyará.

Por otro lado estamos viviendo otra realidad a la que se vivía hace un par de años, en la que para tener un restaurante, era necesario tener un local comercial, en la actualidad, este servicio lo puedes brindar por medio de aplicaciones sin tener que invertir demasiado.

¿Cómo superar los obstáculos financieros?

Aunque la falta de dinero puede ser una barrera significativa, existen estrategias para maximizar los recursos disponibles y encontrar alternativas creativas. Por ejemplo, investiga y solicita becas disponibles para educación y desarrollo profesional. Muchas organizaciones ofrecen ayudas financieras para aquellos que las necesitan, así fue como yo pude concluir mis estudios universitarios y posteriormente estudiar una Maestría.

Ofrece tus habilidades y servicios a cambio de formación o recursos que necesites. El intercambio de servicios puede ser una forma efectiva de adquirir lo que necesitas sin gastar dinero.

Construir una red de apoyo puede proporcionar recursos y oportunidades que de otro modo no estarían disponibles. Forma alianzas y colabora con otros que compartan tus objetivos y puedan ofrecer recursos complementarios.

Únete a comunidades y grupos que apoyen el desarrollo personal y profesional. Las comunidades pueden ofrecer recursos, apoyo

Gus Dimas

emocional y oportunidades de networking. Participar en grupos de LinkedIn relacionados con tu industria puede proporcionarte acceso a recursos y conexiones valiosas.

Explorar casos de éxito de personas que han superado la falta de recursos financieros puede ofrecer inspiración y estrategias prácticas.

A pesar de crecer en la pobreza, Oprah Winfrey utilizó su pasión por la comunicación y su dedicación para convertirse en una de las mujeres más influyentes del mundo. El mensaje que te quiero transmitir es que veas la perseverancia, la dedicación y la búsqueda de oportunidades pueden ayudar a superar las limitaciones financieras.

Antes del éxito de "*Harry Potter*", J.K. Rowling era una madre soltera viviendo de la asistencia social. A través de su talento y determinación, logró cambiar su vida y la de millones de lectores. Aquí podemos ver que la creatividad, la resiliencia y el aprovechamiento de las oportunidades pueden transformar las circunstancias financieras difíciles.

Aunque Elon Musk nació en una familia acomodada, enfrentó dificultades financieras durante la fundación de sus empresas. A través de la inversión estratégica y la innovación, logró superar estas barreras. Por lo que podemos aprender de él es que mientras logremos invertir en conocimiento y tengamos la capacidad de asumir riesgos calculados, nos pueden llevar al éxito incluso en condiciones financieras difíciles.

Cabe señalar que la principal fuente de financiamiento de un negocio al momento de su fundación proviene de los ahorros que hayas acumulado, préstamos de familiares o amigos y de la venta de algún activo que nos ayude a cubrir la inversión a realizar.

Toma en cuenta la posibilidad que exista algún socio en tu proyecto, al menos en el arranque, fijando el periodo y el compromiso que estás adquiriendo.

61

Gus Dimas

Ideas para el desarrollo de un negocio feliz

Es muy importante que no veas el dinero como el elemento fundamental para poder emprender un cambio en tu vida. Es cierto que necesitarás de dinero, pero si lo pones en frente como prioridad, te estará limitando a decidirte. Recuerda lo que te decía en el capítulo anterior, una vez que tengas claro tu deseo, hay una fuerza divina que siempre te ayudará y te proporcionará la solución, sólo necesitas confiar en ella y permitir que se manifieste.

Barreras mentales.

Por último, pero no menos importante, nos enfocaremos en las barreras mentales, que están relacionadas con las características culturales del profesionista o futuro emprendedor y de su entorno. A mi consideración, es la principal barrera u obstáculo que nos impide tomar esa decisión de emprender o de movernos hacia el lugar donde quisiéramos.

Dichas barreras están relacionadas con el ego (el falso yo) y trastornos generados en la infancia que al no ser trabajados en su momento se han enraizado apareciendo constantemente al momento de tomar alguna decisión o alguna provocación. Cabe señalar que desde la época de la conquista, hemos venido cargando inconscientemente con muchos temores, por la manera en que se llevó a cabo la misma.

Otro aspecto mental que afecta el desarrollo personal, es la percepción de la sociedad frente al fracaso. Nuestra sociedad tiende a rechazar y a juzgar el fracaso y los errores, entonces mantenemos una mentalidad de andar por la vida tratando de evitar al máximo las equivocaciones sin darnos cuenta de que el fracaso, es parte del éxito.

En la actualidad estamos viviendo en un pánico generalizado por la pandemia que hay a nivel mundial y esta barrera cobrará mayor fuerza si es que has perdido tu empleo, te han modificado las condiciones de trabajo o afectó de alguna manera tu ingreso. Solo quiero decirte que todo esto cobra relevancia y te puede paralizar a tomar alguna decisión

62

de llevar algún cambio en tu vida, si es que tú se lo permites, por lo que te invito a que la confrontes con carácter y tenacidad, anteponiendo tus sueños y tu propósito de vida, ya que éstos te darán la fuerza necesaria para seguir adelante. Recuerda que los capitanes, se hacen en el momento de la tormenta y en época de crisis, se hacen los mejores ejecutivos y empresarios.

Observa, escucha y aprende.

No puedes saberlo todo.

Todo el que piensa que lo sabe todo,

está destinado a la mediocridad.

Donald Trump.

Presidente de los Estados Unidos Americanos

63

Ideas para el desarrollo de un negocio feliz

¿Cómo superar las barreras mentales?

Este obstáculo está principalmente en la mente. Para superarlo, necesitas cambiar tu forma de pensar y tu actitud frente a la vida. Nadie más que tú, es capaz de despertar al emprendedor que vive en ti.

El desarrollo personal o emprender es cuestión de actitud, de ver la vida de una manera diferente y de estar dispuestos a luchar incansablemente por lograr nuestros objetivos. Por ello debemos de quitarnos, todas aquellas creencias o paradigmas que nos han inculcado y con las que hemos vivido.

Ahora que ya vimos las barreras que podemos enfrentar, te has puesto a pensar por qué no has logrado lo que alguna vez te propusiste, ya que si estás leyendo este libro, es porque alguna vez tuviste la idea de dar un salto en tu vida y solo se quedó en eso.

¿Qué ha sido lo que realmente te ha venido impidiendo no tomar la decisión de buscar una mejor posición en la empresa que actualmente colaboras o en otra o bien a emprender? A continuación enlisto una serie de respuestas posibles:

- La falta de tiempo.
- La falta de recursos financieros.
- La falta de experiencias.
- Apego a un trabajo seguro.
- La falta de un título profesional.
- Lo engorroso que podría ser cumplir con el marco legal.
- El no tener controlado todo lo necesario para emprender.
- Miedo al fracaso.

Y la lista puede ser aún mayor, sin embargo son síntomas de la misma enfermedad que podemos llegar a tener, que está diagnosticada en algunos casos como "excusitis" y es una reacción que todos tenemos y que ponemos como barrera mental cuando queremos justificar la falta de determinación que requerimos.

64

Gus Dimas

Ideas para el desarrollo de un negocio feliz

¿Te identificas con alguna de ellas? Si tu respuesta es sí, pues debes erradicarla y como toda enfermedad mental, primero tienes que aceptarla y revisar qué es lo que la origina para poder trabajar en ello y sanarte por completo de la misma.

Es importante investigar, prepararse, tener disciplina y pasión para curarse de esa fobia absurda que te aleja del éxito.

Dice Tony Robbins, el orador motivacional más famoso del mundo, que lo que configura nuestras vidas no es lo que hacemos de vez en cuando, sino lo que hacemos de forma consistente. ¿Tú qué opinas? La única manera en que se adquieren los hábitos es practicándolos todos los días, una y otra vez. Necesitas interiorizarlos, convertirlos en un estilo de vida, en algo que debemos ir haciendo automáticamente y de manera tan natural que ni siquiera nos demos cuenta.

Mi más grande motivación, seguir retándome a mí mismo. Veo la vida como una larga educación universitaria que nunca tuve.
Todos los días estoy aprendiendo algo nuevo.
Richard Branson.
Presidente de Virgin group.

Gus Dimas

Ideas para el desarrollo de un negocio feliz

Notas a considerar:

- La adversidad es una constante en la vida, pero cómo la enfrentamos y qué aprendemos de ella determina nuestro crecimiento personal y profesional.

- Cada fracaso lleva consigo la semilla de un beneficio equivalente.

- Es muy importante que no veas el dinero como el elemento fundamental para poder emprender.

- Aprovecha la era del aprendizaje en línea y todo el conjunto de aplicaciones, que te permiten prepararte sin salir de casa.

- Un aspecto mental que afecta el desarrollo personal, es la percepción de la sociedad frente al fracaso.

- Cambia tu forma de pensar y tu actitud frente a la vida. Nadie más que tú, es capaz de despertar al ejecutivo o emprendedor que vive en ti.

- El desarrollo personal es cuestión de actitud, de ver la vida de una manera diferente y de estar dispuestos a luchar incansablemente por lograr nuestros objetivos.

- Excusitis, es una reacción que ponemos como barrera mental, cuando queremos justificar la falta de determinación que requerimos.

Gus Dimas

Tabla 3. ¿Por qué siempre he superado cualquier barrera?

Este espacio, es para que describas brevemente, cuáles han sido las barreras que haz enfrentado y cómo las superaste.

He superado cualquier tipo de barrera por mi capacidad de:

Tengo el carácter necesario para confrontar cualquier obstáculo y lo que me da la motivación de seguir adelante es:

Ideas para el desarrollo de un negocio feliz

Gus Dimas

Barrera mental del miedo

El miedo es una emoción universal que actúa como una barrera mental, limitando nuestras acciones, decisiones y potencial. Este capítulo explora el concepto del miedo desde diferentes perspectivas. Analizaremos cómo el miedo puede ser identificado, comprendido y superado para liberar nuestro verdadero potencial.

El miedo es una interrupción súbita del proceso de racionalización. Lo primero que nos sucede cuando sentimos dicho sentimiento, es que perdemos la capacidad de racionalizar, nos paraliza ante una situación cualquiera. Sin embargo también nos puede ayudar, ya que nos mantendrá alerta ante una emergencia.

Generalmente, cuando sucede algo que desconocemos, generamos un prejuicio y empieza a trabajar nuestra mente creando fantasías y como tal, éstas pueden estar fuera de la realidad. Y en otros casos, nos paraliza al no saber cómo actuar.

Stephen King es un autor estadounidense conocido por sus obras de terror, suspenso y fantasía. King utiliza el miedo como una herramienta narrativa para explorar la naturaleza humana. Sostiene que el miedo es una emoción universal que todos experimentamos, y que enfrentarlo puede ser una fuente de empoderamiento. Este enfoque puede aplicarse a nuestras vidas, utilizando el miedo como una oportunidad para el autoconocimiento y el crecimiento.

Ideas para el desarrollo de un negocio feliz

King sugiere que la imaginación puede amplificar nuestros miedos, pero también puede ser una herramienta poderosa para superarlos. Visualizar el éxito y la superación del miedo puede ayudarnos a desactivarlo.

Robert Peckham es otro autor e historiador conocido por su trabajo en el estudio del miedo en la historia y la cultura. Su investigación abarca cómo el miedo ha influido en las sociedades a lo largo del tiempo y cómo se ha utilizado como herramienta de control y manipulación. Peckham explora cómo el miedo ha sido utilizado por gobiernos, religiones y otras instituciones para controlar a las poblaciones. En la Edad Media, la Iglesia Católica también utilizó el miedo al infierno para mantener el control de sus seguidores. Por otro lado, en algunas culturas orientales, el miedo a la deshonra y la pérdida de reputación es un motivador significativo, lo que contrasta con el miedo a la muerte predominante en culturas occidentales.

El miedo puede ser una respuesta adaptativa a amenazas reales, pero también puede ser manipulado para influir en el comportamiento de las personas. Comprender el origen y el contexto del miedo es crucial para desactivarlo como una barrera mental. Estudiar la historia del miedo nos permite ver patrones y estrategias que han funcionado para enfrentar y superar el miedo en el pasado. Esta perspectiva histórica puede ser aplicable a nuestros desafíos actuales.

Thich Nhat Hanh fue un monje budista vietnamita, maestro zen, poeta y activista por la paz, conocido por su trabajo en la promoción de la paz y la práctica de la atención plena. El miedo, según el monje budista, proviene de la falta de presencia y la desconexión con el momento presente. Hanh enseña que la atención plena, o la práctica de estar completamente presente en el momento, es esencial para superar el miedo. La presencia nos permite observar el miedo sin ser consumidos por él. La compasión hacia nosotros mismos y hacia los demás es clave para disolver el miedo. Enfatiza la importancia de la conexión y la comunidad para encontrar apoyo y superar el miedo.

Gus Dimas

Ideas para el desarrollo de un negocio feliz

Hanh sugiere que la respiración consciente es una herramienta poderosa para calmar la mente y el cuerpo, reduciendo así el miedo y la ansiedad. La respiración consciente nos ancla en el presente y nos proporciona una sensación de calma y control.

Judson Brewer es un psiquiatra, investigador y autor conocido por su trabajo en la comprensión de la mente y el comportamiento humano, especialmente en relación con la ansiedad y el miedo. Sostiene que el miedo es una respuesta aprendida que puede ser desaprendida a través de la atención plena y la meditación. Por ejemplo, una persona puede aprender a temer a las alturas después de una experiencia traumática, pero con la práctica consciente puede desaprender esta respuesta.

La comprensión de los patrones de pensamiento y comportamiento que alimentan el miedo es crucial para superarlo. Por lo que enfatiza la importancia de la autoobservación y la práctica consciente para gestionar el miedo.

¿Cuándo el miedo es un problema?

Es cuando nuestras creencias e interpretaciones hacen que sintamos miedo de forma disfuncional, es decir, lo que ocurre a consecuencia de sentir esa emoción es aún peor que lo que ocurriría si no lo sintiéramos.

Muchas veces, al tener dicho sentimiento, nos paraliza y dejamos de hacer lo que deseamos, que es realmente importante en nuestra vida, por ejemplo, cuando queremos emprender un proyecto de negocio, cambiar de trabajo, viajar, vivir en otro país, comenzar una relación sentimental, hacer algo nuevo por nuestros propios medios, hablar en público o cambiar de casa.

El miedo es un sentimiento que forma parte de nuestra vida, condicionándonos tanto a nivel personal como profesional. Para muchas personas, este sentimiento aparece como imágenes del pasado.

71

Gus Dimas

Ideas para el desarrollo de un negocio feliz

Volvemos a proyectar alguna película que tuvimos en nuestra vida y que pasamos algún momento difícil y hace detonar algún sentimiento guardado que se asocia con el miedo.

¿Tendré las habilidades necesarias para ocupar una posición con mayor responsabilidad?, ¿Mi idea será rentable en un futuro?, ¿Ganaré dinero al emprender un negocio?, ¿Será el negocio adecuado para mí?, entre otras; son algunas de las principales inquietudes de las personas que están por dar el siguiente paso. Sin embargo, saber cómo enfrentarse a los miedos e incertidumbres, es algo que se va aprendiendo en el camino, lo más importante es dar el primer paso, actuar y emprender ese cambio ya sea con miedo o sin él.

El miedo te paraliza y te hace mover
solo por la zona de confort.
El miedo solo te hace vivir vidas pequeñas
y por debajo de tu potencial.
Robert Kiyozaki.
Empresario y escritor.

Gus Dimas

Ideas para el desarrollo de un negocio feliz

No te preocupes si en algún momento dudas o te tropiezas, lo importante es saber cómo salir adelante, préstale más atención a ello.

Si gestionamos de forma disfuncional nuestro miedo, nos frenará demasiado. Recuerda, el miedo no es un problema, solo nos obedece... El problema es lo que dejamos de hacer por el miedo.

Pregúntate, ¿Qué te gustaría hacer realmente y no haces? ¿Qué te gustaría vivir y no vives? ¿Cómo te gustaría que fuera tu vida y no haces lo necesario para llegar a ello? Todos esos miedos ¿En qué se basan? ¿En tus creencias? ¿En un hecho del pasado? ¿Qué puedes hacer, para que ese hecho no te afecte nunca más?

La mayoría de las personas no progresan, no por falta de creatividad, sino porque el miedo les invade, las paraliza el sentimiento que les puede ocasionar el llegar a fracasar y poner en riesgo el dinero invertido.

A continuación te presento algunos ejemplos que impiden emprender un cambio en nuestra vida y que necesitamos trabajar para desaparecerlos de nosotros.

- **Miedo a fallar.** Aparece siempre que tenemos nuevos retos y decisiones en la vida y nos angustia la posibilidad de que tengamos consecuencias negativas o de que nuestro desempeño no sea el que esperamos. Sin embargo, nunca se falla, solo no se obtienen los resultados esperados, pero esto te dará un aprendizaje que te permitirá tomar mejores decisiones.

- **Miedo a ser objeto de críticas.** Este miedo aparece por lo regular, cuando nuestra personalidad es insegura y estamos más alerta a lo que digan los demás acerca de uno, permitiendo que las emociones, conductas y pensamientos se vean afectados. Recuerda que la gente siempre hablará, pero tú

73

Gus Dimas

estarás en otro nivel, en el que tú ya lo estás llevando a cabo, mientras otros solo te ven pasar.

- **Miedo a ser rechazado**. Este miedo lo experimenta toda aquella persona que se siente evaluada o juzgada por los demás y que para evitarlo sacrifica sus necesidades o deseos para ser aceptada. Ten presente que las masas le tienen miedo al cambio por lo que siempre tratarán de evitar cualquier riesgo y no aceptan que alguien los esté superando, ese alguien seguramente serás tú.

- **Miedo de nunca tener lo suficiente**. Este tipo de temor se presenta cuando no tenemos claro qué es lo que queremos y sin tomar en cuenta lo que hemos logrado, seguimos obsesionados por una necesidad insatisfecha. Un emprendedor, siempre tendrá claro dónde está y qué es lo que quiere lograr, por lo que se irá perdiendo este temor, si es que fuera tu caso.

- **Miedo a reavivar un problema financiero del pasado**. Este miedo es muy común en las personas que han pensado emprender y que por no querer reavivar un temor de haber sufrido un mal manejo en sus finanzas, hacen a un lado el tema de emprender. O en ejecutivos que se decidieron a cambiar de trabajo y algo no les salió como esperaban y se quedaron desempleados por un tiempo. Es muy normal que aparezca este temor si ya alguna vez pasaste por estas experiencias o quizá estuviste en problemas económicos, sin embargo, mírate en un espejo y ve a tu alrededor, eres más fuerte de lo que tú crees y si ya alguna vez superaste esa situación, déjame decirte que no tendrás ningún problema en salir delante de cualquier otra que se te presente.

- **Miedo a acumular deuda.** Está originado especialmente por lo vivido en épocas de crisis, donde nuestra moneda se ha devaluado generando una inflación elevada y ocasionando que las personas pierdan su patrimonio y las empresas quiebren. Sin embargo existen deudas que son muy buenas, sobre todo las que te permiten traer ingreso hacia ti y que las ocupas exclusivamente para tu emprendimiento o desarrollo personal.

- **Miedo a la competencia.** Este miedo está relacionado con el tamaño de competidor que pudiéramos tener. Nos causa temor el pensar en fracasar por las acciones que pudiera llegar hacer la competencia. Enfócate mejor en tu capacidad y en las acciones que puedas realizar, esto te mantendrá ocupado y dejar de pensar en tu competencia.

Todos estos miedos vienen seguramente de una programación de pensamientos que fuiste adquiriendo desde niño, solo basta con recordar lo que veías, escuchabas y las experiencias que tuviste, mismas que fueron creando sentimientos negativos e hicieron que perdieras la confianza al momento de tomar una decisión importante.

En los negocios y en el desarrollo personal, este sentimiento no puede llegar a invadirte, ten en mente estos consejos que te ayudarán a enfrentar los miedos de una manera fácil y rápida.

Sal de tu zona de confort. Aunque está bien sentirnos a gusto como estamos, si permanecemos todo el tiempo en nuestra zona de confort, no nos pasará nada nuevo y tampoco podremos experimentar ninguna mejora, ni crecimiento, ya sea a nivel personal, como profesional.

Confía en tus habilidades y capacidades. Cuando uno confía en lo que es capaz de lograr y en los conocimientos que ha adquirido con el paso del tiempo, enfrenta las dificultades del día a día con mayor seguridad y confianza, disminuyendo así, el miedo a fracasar o fallar.

75

Gus Dimas

Ideas para el desarrollo de un negocio feliz

Recuerda que tú ya tienes una trayectoria o experiencia importante, que te permitirá tener mayor confianza. Por ello, es muy importante hacer los ejercicios de las tablas anteriores.

No le llames miedo al fracaso. Al no llamarlo de esta manera, no lo vives como tal, lo podrás llamar desenlace o resultado no favorable. Si las cosas no resultan como tú lo esperas, al menos te pudiste dar cuenta, que has tenido una experiencia para crecer. Y si te equivocas, ten en cuenta que no es el fin del mundo. Cualquier resultado es un aprendizaje y todo ello es necesario para nuestra experiencia. Todo sirve y de todo aprendemos. Comprobarlo es fácil, solo tenemos que pensar un momento en los tres fracasos más importantes de nuestra vida y preguntarnos, ¿qué hemos aprendido? Es muy probable que sean las lecciones más valiosas de nuestra vida.

Encuentra lo que te motiva. La pasión siempre triunfa sobre el miedo, por eso trabaja en aquello que te motive y así estarás cambiando el miedo por el impulso a seguir tu pasión o tu deseo.

Acepta con responsabilidad el riesgo. Al iniciar un proyecto de negocio, existe la posibilidad de no conseguir los resultados esperados al principio, sin embargo debes estar consciente que todo emprendimiento conlleva riesgos. El éxito de un emprendedor es aceptar el riesgo como parte de la "emoción" y no tomarlo como una excusa para no hacerlo.

¿Qué ha evitado que alcances tu sueño?

¿Qué creencias? ¿Qué comportamientos y

hábitos emocionales te ha detenido?

¿Qué se interpone en tu camino?

¿Cuál es el conflicto interior

que te ha impedido tener la vida que mereces?

Tony Robbins
Conferencista y Empresario.

76

Gus Dimas

Ideas para el desarrollo de un negocio feliz

Saca provecho de la competencia. Cuando pensamos en que ya muchos están haciendo algo similar a lo que me quiero dedicar, o que la competencia tiene más experiencia que yo, es momento de focalizar tu energía y toda tu creatividad en hacerlo a tu manera. La competencia está ahí para inspirarte, no para copiarla. Deja de compararte y céntrate en tu valor para perder el miedo a emprender un cambio verdadero.

Enfócate en pensamientos positivos y visualiza el éxito. No te enfrentes a un emprendimiento o un nuevo reto con temores y miedo, sé positivo y así sacarás lo mejor de cada situación. Recuerda que fallar es parte de la experiencia de aprendizaje, lo importante es asimilar positivamente los errores y mejorar en el camino. Si quieres lograr cosas buenas, debes empezar por realizar ejercicios de visualización, en donde te encuentres ya con los resultados esperados y siendo el ejecutivo o empresario que algún día soñaste.

La mente por lo regular, nos juega muy malas pasadas y las personas temerosas al fracaso, visualizan por adelantado qué podrían fallar. Eso provoca un estado emocional que les impide iniciar justamente las acciones que podrían garantizarle otros resultados.

A esto le llamo ser prudente, quizá realista o gestionar los riesgos, pero lo único que consiguen es poner el foco y la energía en todo lo negativo en lugar de crear un estado emocional que nos permita ser creativos y definir las acciones que nos acercan al objetivo.

He perdido más de nueve mil oportunidades en mi carrera.

He perdido casi 300 juegos.

Me han confiado veintiséis veces el tiro ganador y he fallado.

He fracasado una y otra vez en mi vida y por eso he tenido éxito.

Michael Jordan.
Basquetbolista profesional.

Ideas para el desarrollo de un negocio feliz

Hazte una pregunta, ¿qué harías si estuvieras seguro de que no vas a fallar? Seguramente, llevarías a cabo ese cambio en tu vida, emprenderías de inmediato y tu confianza y empoderamiento se verían reflejados en la forma de actuar y de iniciar tu proyecto.

Por lo que te invito a cambiar de inmediato esos patrones que no te han permitido dar ese salto a la posición que quieres ocupar o arrancar con tu proyecto de negocio y te han tenido frenado. Entrena tu mente, ella no es la que te gobierna, debe de ser todo lo contrario, tú debes de elegir en qué quieres pensar y si te llega algún pensamiento del pasado, elimínalo no tienes porque seguirlo albergando contigo.

Ten presente que se encuentra en ti una fuerza divina capaz de transmutar cualquier pensamiento negativo en uno positivo, el cual te ayudará a superar cualquier obstáculo.

Te he compartido que mis primeros proyectos de negocio, no prosperaron más allá de los 3 años de vida, sin embargo me permitieron superar este temor e incertidumbre que se vive al momento de querer emprender y quiero decirte que cada uno de ellos me ha dado un cúmulo de aprendizaje que ha permitido que en mis actuales proyectos tome mejores decisiones.

La mente es un reflejo, reacciona ante todo.
Aprende a quitar todo lo que no necesitas en tu mente.
La mente se llena de pensamientos y ninguno te refleja.
Aprende a quitar todo lo que no necesites.
Saca esa basura de ti (todo aquello que te impide a sentir lo único importante, el aquí y ahora).
Diego Montoya.
Fragmento de la película el camino del guerrero.

Gus Dimas

Ideas para el desarrollo de un negocio feliz

Por lo que el miedo te ayuda y activa si lo sabes canalizar bien, es un arma de defensa, en la cual te debes de apoyar y no permitir que te controle. El miedo podrá seguir estando ahí, sin embargo lo puedes controlar o disminuir y seguir con tus planes de desarrollo.

Recuerda siempre que el miedo, son solo pensamientos en tu mente que debes de controlar y que tú eres el que le puede dar poder a ellos o bien, ser tú el que los puede erradicar. Esto solo será posible si los confrontas, cualquiera que fuera dicho temor, no es nada a comparación de lo que realmente eres.

No permitas por ningún motivo que te hagan dudar de la capacidad que has desarrollado.

Gus Dimas

Ideas para el desarrollo de un negocio feliz

Notas a considerar:

- El miedo es una emoción universal que actúa como una barrera mental, limitando nuestras acciones, decisiones y potencial.

- Al sentir miedo, perdemos la capacidad de racionalizar, nos paraliza ante una situación cualquiera.

- El miedo ha influido en las sociedades a lo largo del tiempo y ha sido utilizado como herramienta de control y manipulación.

- El miedo, según el monje budista Thich Nhat Hanh, proviene de la falta de presencia y la desconexión con el momento presente.

- Saber cómo enfrentarse al miedo e incertidumbre, es algo que se va aprendiendo en el camino.

- La mayoría de las personas no progresa no por falta de creatividad, sino porque el miedo las invade.

- ¿Qué harías si estuvieras seguro de que no vas a fallar?

Gus Dimas

Ideas para el desarrollo de un negocio feliz

Tabla 4. ¿Por qué fue importante descubrir mis miedos?

Este espacio, es para que aceptes el miedo que te ha frenado, sólo así puedes confrontarlo y superarlo.

¿Por qué he superado este miedo?
Las acciones que tomaré para erradicar este sentimiento son:

Barrera mental del ego

Cuándo uno piensa o utiliza la palabra ego ¿Qué es lo primero que se te viene a la mente? Seguramente lo primero que piensas o asocias con esa palabra, es orgullo, una persona con un sentido de superioridad. Me gustaría que miráramos esta palabra desde otra perspectiva, quizá una más simplista.

El ego es un concepto fundamental en la psicología, la filosofía y la espiritualidad, que ha sido interpretado y explorado desde múltiples perspectivas. Representa la idea que tenemos de nosotros mismos, la identidad que construimos y con la que navegamos por el mundo. Sin embargo, el ego puede convertirse en un obstáculo en nuestro camino hacia la realización personal y espiritual. Este capítulo explorará qué es el ego, cómo se forma, sus efectos en nuestras vidas, y cómo podemos aprender a trascenderlo para alcanzar un estado de mayor paz y autenticidad.

El ego se refiere a la percepción que tenemos de nosotros mismos como seres separados e individuales. Es la suma de nuestras creencias, pensamientos, emociones, y experiencias que constituyen nuestra identidad. Esto incluye nuestra personalidad, nuestros talentos, lo que nos gusta y lo que no, de los temores o miedos que ocultamos. En términos simples, el ego es "quién creemos que somos".

Ideas para el desarrollo de un negocio feliz

El ego es lo que nos mantiene encerrados en nuestra mente, en un ciclo interminable de charlas que nos mantiene separado del momento presente. Ya que por lo regular, nos situamos en el pasado y en nuestras experiencias haciendo que nos alejemos del momento actual.

Es la identidad creada y reforzada por la historia que nos contamos nosotros mismos. Y que día con día alimentamos con los hechos con los que nos identificamos o con los que nos sentimos superiores.

Sigmund Freud, el padre del psicoanálisis, describió el ego como una de las tres partes principales de la mente, junto con el id (deseos instintivos o gratificación instantánea) y el superego. En su modelo, el ego actúa como un mediador entre los impulsos básicos del id y las exigencias morales del superego.

Carl Jung, otro influyente psicólogo, describió el ego como una "máscara" o "persona" que usamos para interactuar con el mundo exterior. Según Jung, el ego es solo una parte de nuestra psique, y detrás de él se encuentra el "sí mismo", que es mucho más vasto y complejo. Para Jung, el ego es la fachada que construimos para funcionar en la sociedad, mientras que el "sí mismo" es el núcleo esencial de nuestra identidad, que integra tanto lo consciente como lo inconsciente.

En la filosofía occidental, el ego ha sido un tema de debate desde la antigüedad. Filósofos como René Descartes colocaron al ego en el centro de la existencia humana con su famosa frase "Pienso, luego existo", sugiriendo que la conciencia de uno mismo es la prueba fundamental de la existencia. Para Descartes, el ego es la esencia de la conciencia individual, el "yo" que percibe, piensa, y existe como una entidad separada.

En la espiritualidad oriental, el ego es visto a menudo como una ilusión o un obstáculo en el camino hacia la iluminación. Tradiciones como el budismo y el hinduismo enseñan que el ego es la fuente del sufrimiento y que trascenderlo es esencial para alcanzar un estado de paz y unidad con el todo.

Gus Dimas

Ideas para el desarrollo de un negocio feliz

En el budismo, el ego es considerado una construcción ilusoria que nos mantiene atrapados en el samsara, el ciclo de nacimiento, muerte y renacimiento. El desapego del ego es esencial para alcanzar el nirvana.

En el hinduismo, el ego (o "ahankara") es lo que nos hace creer que somos separados del "Brahman" o la realidad última. La liberación (moksha) se alcanza cuando uno reconoce la unidad entre el ego y el cosmos.

En el mundo actual, nos referimos al ego cuando una persona manifiesta una mezcla de exceso de mirada puesta en sí misma exclusivamente, denominándolo egocéntrico. Contando también con ciertas actitudes que perjudican las relaciones con los demás.

Esto obedece a que la persona tiene dificultad para conectarse con los demás, partiendo de la base de que siempre tiene razón, y que todos los demás son los equivocados; o que él mismo ostenta una posición por encima del resto. De allí el nivel de conflictividad que genera el ego manifiesto en lo cotidiano.

También podemos decir, que el problema del ego, nace cuando necesitamos el reconocimiento externo de ese "yo" para tener confianza y autoestima y me permita tomar decisiones. Es en este caso, cuando el ego cobra mayor relevancia y se convierte en tu mayor enemigo al emprender. Ya que generalmente estamos obsesionados con lo correcto y lo incorrecto, la culpa y la vergüenza. Por lo general lo podemos identificar muy fácilmente, ya que queremos tener el control de todo, de los resultados, de las situaciones, de lo que debería o no suceder.

Y esto es lo que paraliza a muchos al momento de emprender una acción que nos permita crecer, ya que antes queremos llevar un análisis muy profundo de todo y hasta del contexto externo, sin tomar en cuenta que hay situaciones que nunca estarán bajo nuestro control y al no tener un resultado de ello favorable en papel, declinamos a actuar y poner en marcha alguna acción de crecimiento personal.

85

Gus Dimas

Ideas para el desarrollo de un negocio feliz

Esta práctica debemos de minimizarla, no digo que no se lleve a cabo un análisis previo de lo que consideras hacer, lo que quiero decir es que nunca dejes de permitir que te paralice y que no lleves a cabo la acción. Toma en cuenta que estamos pasando en la actualidad por una época muy cambiante, llena de incertidumbre a consecuencia de la pandemia en el mundo, por lo que habrá factores externos que cambien de la noche a la mañana y que pueden perjudicar tu proyecto o que los veas como oportunidades para generar negocio.

El ego puede ser tanto un motor como un obstáculo en el camino hacia el éxito personal. Puede impulsarnos a alcanzar grandes logros, pero también puede atraparnos en una búsqueda interminable de validación externa.

Por lo regular, cuando operamos desde el ego, estamos actuando desde un lugar crítico, en donde creemos que somos dueños de la verdad absoluta. Un estado que nos genera conflicto con la gente que nos rodea, haciendo muchas veces, que se aparten de nosotros, al no actuar desde la posición de cómo puedo servir o dar, más bien qué obtengo y cómo me veo.

Muchas veces, este enfoque lo queremos asociar con nuestra capacidad de análisis, sin embargo difiere mucho, ya que lo único que hago es justificar el no estar de acuerdo con algún tema o postura.

Debes de encontrar una manera de dejar de controlar.
Cuando sentimos miedo en la vida,
tenemos 2 opciones, confiar o controlar.
La razón por la que elegimos el control,
es porque no creemos que somos amados.
W. Paul Young.
Escritor del libro La cabaña.

Gus Dimas

Ideas para el desarrollo de un negocio feliz

Este estado en donde mi postura es la crítica, suele aparecer no solo en el ámbito laboral, sino en diferentes entornos donde nos relacionamos, llámese en la familia, las amistades y lo social.

Por lo que solo confunde y nos hace perder el sentido de propósito que es servir o dar a los demás de manera desinteresada, de escuchar sin tener que juzgar.

A continuación, algunas de las múltiples formas que tiene el ego de manifestarse de manera latente en la vida real:

- **Ego sabe lo todo.** Es aquel ego que siempre cree tener la razón, le gusta dar consejos sobre todo, siempre contesta aunque no sepa, cree tener respuesta para todo, no se puede quedar callado.

- **Ego controlador.** Es el ego que siempre quiere tener amarrado cualquier resultado y si algo llega a faltar puede no realizarlo. Ojo con este tipo de ego, no permitas que tome el control cuando decidas emprender, es muy fácil que llegue a manifestarse.

- **Ego salero.** Es el ego que no le gusta pasar desapercibido, hace cualquier cosa para llamar la atención.

- **Ego que se manifiesta en las juntas**. Su necesidad de auto referencia es tan fuerte, que interrumpe permanentemente, nunca deja que los demás terminen de hablar.

- **Ego envidioso.** Es el que no soporta los triunfos y éxitos de otros. Degrada a los que cree que son mejores que él.

- **Ego estrella.** Es el ego que siempre está buscando los aplausos, así como reconocimiento y admiración en todo lo que hace. Siempre quiere ser el mejor.

Gus Dimas

Ideas para el desarrollo de un negocio feliz

- **Ego copión.** Se monta de lo que dicen los demás. Se aprovecha de los datos de los otros para su propio beneficio. Saca partido de lo que otros dicen para estructurar sus propias intervenciones.

- **Ego orgulloso.** Es aquel ego competitivo, aquel que no le gusta perder.

Cuando uno actúa con base en el ego, tiene estas falsas creencias:

- **Soy lo que tengo.** Anteponemos las cosas materiales de nuestra posesión por encima de lo que somos.

- **Soy lo que hago.** Pensamos que soy reconocido más por el puesto o las funciones que desempeño, que por mi persona.

- **Tomamos las cosas de manera personal.** Pensamos que las cosas suceden por mí y giran a mí alrededor.

- **Nos cuesta trabajo perdonar.** Relacionamos el perdonar como sinónimo de debilidad y porque creemos que con perdonar, le estamos dando la razón a la otra persona.

- **Tratamos de tener siempre la razón.** Debido a que si alguien pone en duda nuestro punto de vista, nos sentimos amenazados. Por lo que cree que teniendo la razón recupera su valía e identidad.

- **Nos duele mucho aceptar que no ganamos.** Relacionamos el no ganar con el fracaso y que todas las miradas están puestas en uno.

Gus Dimas

- **Perseguimos siempre el que me vean y escuchen.** Regularmente levantamos la voz para ser escuchados y buscar la atención de los demás, ya que queremos tener la atención y aprobación de los demás.

Todo esto, son falsas creencias que debemos trabajar para erradicarlas de nosotros mismos, éstas solo nos hacen ver todo aquello que no es, nos separa de las personas, de nuestro ser, de Dios y somos seres espirituales. En el siguiente capítulo, hablaré de nuestro sistema de creencias.

A todos nos gusta que nuestro entorno nos acepte, nos aprecie y reconozca nuestra valía. Pero los que tengan como meta exclusivamente la obtención de reconocimiento y éxito, estarán solo empoderando su ego.

Esa necesidad de reconocimiento, ese exceso de atención e interés hacía la representación externa de uno mismo es el "ego". Así como puede llegar a ser un gran motivador que nos empuje a superarnos cada día para alcanzar el aplauso, puede también llegar a ser el mayor depresor, si no conseguimos ese reconocimiento y la atención esperada.

Trabaja en desapegarte del ego, del resultado, del querer sobresalir ante los demás y sé más espiritual, permite que las cosas y el resultado se presenten.

El ego, no es lo que realmente somos.

El ego, es nuestra autoimagen, nuestra máscara social.

Es el papel que estamos desempeñando.

A la máscara social le gusta la aprobación.

Quiere controlar y se apoya en el poder, porque vive en el temor.

Deepak Chopra.
Presidente Chopra center.

Ideas para el desarrollo de un negocio feliz

Muchas personas confunden el concepto de "amor", es decir la creación de relaciones afectivas equilibradas, con el reconocimiento. Y de ahí las adicciones al trabajo, al éxito, al poder y a todos los símbolos que contribuyen a la construcción de un estatus que genere admiración, o por lo menos atraiga la atención.

Nos olvidamos de llegar a un punto, donde dejemos de pensar en nosotros y abrir paso a pensar en servir a los demás. Pasar de un estado de conseguir a ofrecer cosas, es cuando terminamos con el ego que nos controla. Y una de las bondades del desarrollo personal, es que nos va permitir pasar a ese estado.

Nada hay de malo en amarse a uno mismo y ponerse en primer lugar, siempre que estemos conscientes de la realidad, mirar alrededor y a los otros y actuar como seres sociales que somos. Busca equilibrar tu vida de formas saludables moldeando tus rasgos nocivos de personalidad.

Así, en poco tiempo, empezarás a disfrutar de mayor libertad, autenticidad, flexibilidad ante las circunstancias cambiantes, confianza de verdad y mejores resultados en todos los aspectos de la vida.

¿Es malo el ego?

Controlado, bien encauzado y balanceado, no es malo ni bueno en sí mismo. El límite está cuando empieza a producir sufrimiento o que no me permita tomar decisiones debido a querer controlar todo.

¿Nos podemos despojar del ego?

Claro que sí, es conveniente que te acerques con un especialista, como yo en su momento lo hice y me ayudó a focalizarlo en una terapia, que ayude a desmontar todo lo no conducente del ego.

La meditación, los cursos en desarrollo personal, así como acercarte a grupos de autoestima son herramientas que te podrían ayudar a vivir más en el aquí y ahora, en el disfrute, la alegría y la felicidad, que son dones innatos del ser humano.

El ego puede tener un impacto profundo en nuestras relaciones, tanto en cómo nos conectamos con los demás como en cómo manejamos los conflictos. Un ego saludable puede proporcionar confianza y una identidad fuerte, lo que facilita la construcción de relaciones significativas.

El ego puede motivar a las personas a establecer metas altas y trabajar arduamente para lograrlas, basándose en una fuerte identidad de autosuperación.

La primera etapa en la trascendencia del ego es desarrollar una profunda autoconciencia. Esto implica observar nuestros pensamientos, emociones, y comportamientos sin identificarnos completamente con ellos.

A continuación te comparto algunas ideas para empezar a aquietar tu ego, que a mí me han funcionado:

- **Escucha antes de responder**. Haz el esfuerzo consciente por poner tus sentidos en las otras personas y ten una escucha activa.

- **Elimina de tu vocabulario la palabra "yo"**. Te recomiendo reemplazarla por otras palabras para dar contexto cuando deseas expresar tus ideas, por ejemplo: "desde mi perspectiva", "quisiera aportar otro punto de vista", "una mirada diferente de este asunto es".

- **Medita todos los días**. Empieza por 5 minutos y aumenta hasta completar una buena dosis de silencio y quietud interior.

- **Evita sacar conclusiones apresuradas**. Aprende a ser más tolerante y mesurado en tus comentarios.

91

Ideas para el desarrollo de un negocio feliz

La humildad y el desapego son cualidades esenciales para trascender el ego. Esto no significa rechazar nuestra identidad, sino reconocer su naturaleza temporal y mutable. Cultivar la humildad implica aceptar que no siempre tenemos la razón, que somos parte de un todo más grande, y que nuestras identidades no son permanentes ni absolutas.

Si estás sufriendo por tu ego desbordado, busca ayuda profesional, muéstrate siempre dispuesto, toma este proceso con profundidad y seriedad, de lo contrario, no te funcionará y será una simple máscara de tu personalidad que se niega a transformarse. Ten presente que mientras más alejado del ego te encuentres, te permitirá enfocarte a qué o cómo puedes servir a los demás, de esta manera puedes encontrar mejor cuál será tu propósito de vida.

En lugar de ver el ego como un enemigo que debe ser eliminado, podemos aprender a verlo como una herramienta que, cuando está equilibrada, puede ayudarnos a vivir una vida plena y auténtica. Utilizar la fuerza del ego para establecer límites saludables en nuestras relaciones y perseguir metas que resuenen con nuestros valores más profundos, sin dejar que domine nuestras acciones o decisiones.

Cuando el ego muere, el alma despierta.
Mahatma Gandhi.
Activista social.

92

Gus Dimas

Ideas para el desarrollo de un negocio feliz

Notas a considerar:

- El ego, es una identidad autogenerada (es un falso yo), consiste en cada creencia que tenemos acerca de quién y qué somos.

- El ego es lo que nos mantiene encerrados en nuestra mente.

- Con el ego, queremos tener el control de todo, de los resultados, de las situaciones, de lo que debería o no suceder.

- Actuamos desde un lugar crítico, en donde creemos que somos dueños de la verdad absoluta.

- Esa necesidad de reconocimiento, ese exceso de atención e interés hacía la representación externa de uno mismo es el "ego".

- El límite del ego está, cuando empieza a producir sufrimiento o que no me permite tomar decisiones debido a querer controlar todo.

- Aprende a ver al ego, como una herramienta que, cuando está equilibrada, puede ayudarnos a vivir una vida plena y auténtica.

Gus Dimas

Tabla 5. **¿Por qué es importante descubrir y separarme de esa falsa personalidad del yo?**

Este espacio, es para que describas brevemente, si has tenido algún comportamiento de ego y poderlo trabajar y erradicar.

¿Por qué fue necesario que me separara del ego?
Las acciones que voy a tomar para erradicar dicho ego son:

Barrera mental del apego

Dentro de nuestras barreras mentales, nos encontramos también con el apego y éste lo definimos como el vínculo afectivo que tenemos con alguna persona, organización u objeto que se extiende en el tiempo y que puede resultar intenso. La cercanía con otra persona proporciona seguridad y resguardo, es por eso que una persona cuando se siente amenazada o angustiada, tiende a buscar al sujeto por el cual tiene apego.

El apego es una fuerza poderosa en la vida humana. Desde que nacemos, creamos lazos emocionales con personas, objetos, ideas, y experiencias que forman la base de nuestra identidad y sentido de seguridad. Sin embargo, el apego puede convertirse en una limitación cuando nos aferramos a lo que nos daña o nos impide crecer. Este capítulo explorará el concepto del apego, sus diferentes tipos, los efectos que tiene en nuestras vidas, y cómo podemos transformarlo en una relación más saludable con nosotros mismos y con el mundo.

El psicólogo John Bowlby desarrolló la Teoría del Apego para explicar cómo los primeros vínculos formados entre los niños y sus cuidadores influyen en el desarrollo emocional y las relaciones futuras. Según Bowlby, el apego es un mecanismo evolutivo que asegura la supervivencia del niño.

95

Ideas para el desarrollo de un negocio feliz

La Teoría del Apego sostiene que los vínculos emocionales tempranos, especialmente con la figura materna, son fundamentales para el desarrollo psicológico sano.

El apego cuando es bien conducido, es el encargado de proporcionar seguridad al infante en situaciones de alguna amenaza. El apego permite al niño explorar, aprender, conocer el mundo y relacionarse con otros, bajo la tranquilidad de sentir que otra persona con quien se ha vinculado (los padres, abuelos, tíos, etc.) va a estar allí para protegerlo. Cuando esto no ocurre, los miedos e inseguridades influyen en el modo de interpretar el mundo y de relacionarse.

Los humanos llegamos al mundo, sumergidos en la más absoluta vulnerabilidad, pues necesitamos de varios años, para conquistar una mínima autonomía. Es por ello que dependemos de otros para sobrevivir, forjando con nuestro entorno cercano un necesario vínculo de apego.

A menudo nos preguntamos, en qué medida las experiencias que tuvimos en la infancia, especialmente las que pudimos compartir con nuestros padres, pudieron condicionar nuestra forma de ser y relacionarnos en la vida adulta. Si dichas experiencias fueron de afecto, adecuadas y generaron seguridad, pertenencia y nos dieron las bases para poder relacionarnos con otras personas y con nuestro entorno.

Nos dieron las bases también para ser autosuficientes e independientes, así como las herramientas necesarias para afrontar las dificultades de la vida sin tener que depender de los demás.

Sin embargo, si en nuestra infancia no tuvimos la figura central que nos permitiera brindar la seguridad o las herramientas para enfrentar la vida, muy seguramente nos encontraremos con ciertos patrones en la etapa de adulto como la ansiedad y la depresión. Por eso es importante trabajar esta base, conocer bien cómo fue nuestra infancia, si tuvimos a alguien que nos pudo conducir o si carecimos de ello y ver si se generaron dichos patrones, cómo han evolucionado a lo largo

Gus Dimas

de la vida, para ver cómo están influyendo en mi toma de decisiones y en cómo resuelvo los problemas que se me van presentando.

El apego, como lo hemos visto, condiciona la forma en que nos vemos, interpretamos a los demás y al mundo. También en cómo nos relacionamos, especialmente con figuras importantes para nosotros, como la pareja, los hijos, la comunidad y nuestro entorno laboral.

Algunas consecuencias que están afectadas por los trastornos del apego son:

- Miedo al abandono.
- Dependencia hacia los demás.
- Visión del mundo con mucho peligro.
- Inseguridad, Incapacidad para relacionarme.
- Miedo a perder lo que tengo.
- Buscar la aprobación de los demás.
- Falta de tolerancia a la frustración.

Cuando uno está pensando en emprender un cambio en su vida y tiene que poner en juego parte de su patrimonio que ha logrado reunir, puede que no sea tan fácil desprenderse del dinero que se requiere para invertir en algún proyecto, ya que sentirá un apego hacia él, que lo hace sentir seguro ante una situación. Quiero mencionar nuevamente el tema de la época que estamos viviendo, ya que se juntarán sentimientos de incertidumbre por la pandemia y el apego que pudieras tener por el dinero, será una labor ardua que debes de confrontar para llevar a cabo un cambio en tu vida. Y puede que tengan dos opciones, o vivas en un temor que te tendrá paralizado a actuar y veas como va disminuyendo poco a poco dichos recursos económicos o tomes acción y la fortaleza necesaria y te pongas a trabajar en consecuencia por desarrollar un proyecto de negocio o emprendas un cambio que te permita crecer profesionalmente.

97

Ideas para el desarrollo de un negocio feliz

Qué pasa cuando nuestro apego se extiende a nuestro entorno laboral, en especial hacia la organización para la que yo presto mis servicios o hacia mi jefe inmediato con quien he encontrado cubierta esa necesidad de apego que muy probablemente no encontré en la infancia.

El apego en las organizaciones, está definido como un vínculo entre un empleado y una empresa, que hace que ésta última sea un componente muy importante en la vida del primero.

Siendo este vínculo estrecho y fuerte, los empleados se involucran más en cualquier actividad que requiera una mejora o beneficio para la empresa, lo que a su vez se relaciona con la satisfacción en el trabajo y la motivación para desempeñar cualquier función, pues consideran su aportación laboral necesaria para el buen funcionamiento de la empresa y no olvidemos, que esto constituye un elemento muy importante en la vida del trabajador.

Cuando uno siente un compromiso hacia la organización, nos referimos al sentido de pertenencia a la empresa, basado éste en sentimientos o emociones positivas hacia ésta. Este tipo de apego, motiva a los trabajadores a dedicar su energía y tiempo a su trabajo. Ocasionando con ello, que se sienta identificado con la organización y la conciba como una parte de su propia identidad.

Por lo que en el caso de tener una oportunidad laboral en otra organización o querer emprender un proyecto de negocio, tenderá a ocasionarle un sacrificio tomar una decisión de desvinculación. En este momento es donde nos vemos incapaces de decidir, si me debo desvincular de la empresa, por lo regular llega un momento de sufrimiento de tan solo pensar que hacer y es en lo que debemos trabajar.

Si nuestro deseo por emprender nuestro proyecto de negocio se presenta, les comparto que debemos trabajar arduamente en nuestro sistema de creencia, ya que lo más común al no llevarlo a cabo, es por no permitirnos soltar lo que tenemos en dicho momento, por el

98

"aprecio / sentimiento" que podemos tener hacía la empresa o el entorno en donde nos encontramos.

Existen otros tipos de apegos:

- **El apego emocional** es la conexión profunda que sentimos hacia otras personas, que puede manifestarse en el amor, la amistad, y las relaciones familiares.

- **El apego material** se refiere a la dependencia emocional que desarrollamos hacia objetos o posesiones materiales, creyendo que estos nos proporcionan felicidad o estatus.

- **El apego a ideas y creencias**, este tipo de apego ocurre cuando nos aferramos a nuestras creencias, ideas o identidades, a menudo resistiendo el cambio o nuevas perspectivas.

El apego juega un papel crucial en nuestras relaciones, tanto en cómo nos conectamos con los demás como en cómo enfrentamos la separación o el cambio.

Podría asegurar, que esta barrera es la que más nos va a costar trabajo erradicar, por lo que debemos acercarnos o pedir ayuda para resolver este dilema que se nos presentará.

El tratamiento para los trastornos de apego, se basa en ayudar a las personas a crear vínculos más seguros y beneficiosos, en cambiar ciertas creencias o esquemas mentales que hemos dado por válidos. Debemos relacionarnos de un modo más sano y de reaprender a interpretar la realidad, siempre desde la cercanía de un terapeuta o especialista en el tema.

Cabe señalar que para ciertas culturas como la budista, el apego y el deseo son las causas del sufrimiento para alcanzar un estado de plenitud, por lo que es conveniente aprender a no aferrarnos a nada.

Gus Dimas

Ideas para el desarrollo de un negocio feliz

En el budismo, el apego es visto como una de las principales causas del sufrimiento humano. El Buda enseñó que el deseo y el apego a las cosas transitorias nos mantienen atrapados en un ciclo de insatisfacción y dolor.

El apego saludable nos permite formar relaciones profundas y significativas, ofreciendo un sentido de seguridad y pertenencia.

El apego a ciertos objetos o logros puede motivar a las personas a trabajar duro y alcanzar metas.

Reconocer y aceptar nuestros apegos es el primer paso hacia una relación más saludable con ellos. Practicar la auto-reflexión y el desapego consciente nos permite disfrutar de nuestras conexiones sin ser dominados por ellas.

El desapego consciente no significa renunciar a todo, sino aprender a vivir con una actitud de no-aferramiento, donde valoramos las experiencias sin depender de ellas para nuestra identidad o felicidad.

El objetivo no es eliminar el apego por completo, ya que es una parte natural de la experiencia humana, sino transformarlo para que sirva a nuestro crecimiento en lugar de limitarnos.

Odio como piensa la gente con el "vaso medio vacío"
cuando en realidad su vaso está casi lleno.
Estoy agradecido cuando tengo una gota más en el vaso
porque sé exactamente qué hacer con ella.
Gary Vaynerchuk.
Orador y emprendedor, cofundador de Vaynermedia.

Gus Dimas

Ideas para el desarrollo de un negocio feliz

Notas a considerar:

- Los humanos llegamos al mundo, sumergidos en la más absoluta vulnerabilidad, pues necesitamos de varios años, para conquistar una mínima autonomía. Es por ello que dependemos de otros para sobrevivir, forjando con nuestro entorno cercano un necesario vínculo de apego

- El apego, como lo hemos visto, condiciona la forma en que nos vemos, interpretamos a los demás y al mundo.

- El apego en las organizaciones, está definido como un vínculo entre un empleado y una empresa, que hace que ésta última sea un componente muy importante en la vida del primero.

- Para ciertas culturas, el apego y el deseo son las causas del sufrimiento para alcanzar un estado de plenitud.

- El apego saludable nos permite formar relaciones profundas y significativas, ofreciendo un sentido de seguridad y pertenencia.

- El objetivo no es eliminar el apego por completo, ya que es una parte natural de la experiencia humana, sino transformarlo para que sirva a nuestro crecimiento en lugar de limitarnos.

Gus Dimas

Tabla 6. **¿Por qué fue importante desvincularme del apego?**

Este espacio, es para que describas brevemente, si consideras que
tienes un apego hacia algo o alguien.

¿Por qué he tenido que desvincularme de este apego?
Las acciones que tomaré al respecto son:

Gus Dimas

Idea 3 Sistema de creencias

Tu tiempo es limitado, así que no lo desperdicies viviendo la vida de alguien más. No te dejes atrapar por el dogma, que es vivir con los resultados de los pensamientos de otras personas. No dejes que el ruido de las opiniones de otros ahogue tu voz interior. Y lo más importante: ten el coraje de seguir a tu corazón e intuición. De algún modo, ellos ya saben lo que realmente quieres ser. Todo lo demás es secundario.

Steve Jobs.
Cofundador de Apple.

Ideas para el desarrollo de un negocio feliz

Nuestras creencias

El sistema de creencias es la estructura interna que guía nuestros pensamientos, emociones y comportamientos. Es como un conjunto de lentes a través de los cuales percibimos y respondemos al mundo. Este sistema se forma a lo largo de nuestra vida, influenciado por nuestras experiencias, educación, cultura y entorno. Sin embargo, no todas las creencias que sostenemos son verdaderas o útiles. Algunas de ellas, conocidas como falsas creencias, pueden limitarnos, causarnos sufrimiento y obstaculizar nuestro crecimiento personal. Este capítulo explorará cómo se forma nuestro sistema de creencias, qué son las falsas creencias, y cómo podemos identificarlas y reemplazarlas por creencias que nos empoderen.

Un sistema de creencias es el conjunto de ideas, valores y convicciones que consideramos verdaderos y que influyen en nuestra percepción del mundo y en nuestras decisiones. Estas creencias se desarrollan desde la infancia y continúan evolucionando a lo largo de la vida.

Puede considerarse que una creencia es un paradigma que se basa en la fe, ya que no existe demostración absoluta, fundamento racional o justificación empírica que lo compruebe.

Toda creencia, permite comprender y comprendernos, pero no suponen ni la realidad ni la verdad, solo son generadas para nosotros. Este hecho condiciona las opciones de acción y por lo tanto, las posibilidades de abrir caminos y escenarios de crecimiento.

105

Gus Dimas

Ideas para el desarrollo de un negocio feliz

Por lo mismo, las posibilidades de emprender algún proyecto también se ven condicionadas por el modelo de creencias que tenga uno.

Cuando escuchas la palabra "creer" ¿Qué es lo primero que se te viene a la mente?

- Tener certeza.
- Tener fe.
- Estar seguro de algo.
- Profesar.
- Estar convencido de algo o alguien.

Y estos paradigmas ¿cómo los has adquiridos o arraigado en ti? De manera sencilla, podemos decir que las creencias tienen 2 fuentes principales de origen.

- Nuestra propia experiencia.
- Nuestra cultura.

Nuestra propia experiencia. A lo largo de la vida, nos va dotando de un conjunto de formas de ver y de actuar, basadas tanto en nuestros conocimientos como en los aprendizajes que adquirimos a través de las distintas experiencias vitales. Un aprendizaje que se basa en la práctica y en los resultados que obtenemos con nuestra acción.

Estas experiencias, identifican los resultados que han tenido un efecto favorable o desfavorable y que nos han ayudado a resolver situaciones que se nos presentan. Por lo que una vez que creo en algo, me permite:

- Sentirme con más fuerza.
- Confiar en mí.
- Me brinda mayor energía.
- Me identifica.

Gus Dimas

Ideas para el desarrollo de un negocio feliz

La cultura a la que pertenecemos. Determina las formas bajo las cuales debemos actuar para alcanzar aquello que deseamos; para ello se dota de una serie de principios que limitan el comportamiento. De esta manera podemos decir que busca lo que es mejor para los individuos, basado en la moralidad y la ética. Y éstas nos permiten:

- Cuidarnos.
- Poner límites, hasta dónde podemos llegar.
- Actuar con estricto apego a principios.

En este sentido y para el tema que estamos abordando, seamos conscientes de la importancia de la ética en el ámbito laboral y de la actividad empresarial. Ya que se requiere de ésta para guiarnos y conducirnos a un proyecto de negocios en el que el servicio que se proporcione, sea para beneficio de muchos sin perjuicio de nadie.

Probablemente te estarás preguntando si es posible modificar un sistema de creencias y yo te diría que sí. Si se pueden cambiar las creencias, o bien hacer que éstas influyan lo menos posible al momento de abordar cualquier tipo de cuestión o como en el caso en el que nos ocupa, a potenciar la decisión para emprender un cambio.

Cada vez que defines en lo que quieres creer,
eres el primero en escucharlo.
Es un mensaje a ti y a los demás sobre lo que
piensas que es posible.
No pongas un techo sobre ti mismo.
Oprah Winfrey.
Gurú de los medios.

Gus Dimas

Ideas para el desarrollo de un negocio feliz

De hecho a través de nuestra experiencia, de nuestras vivencias personales, vamos cambiando las creencias de manera más o menos natural. Esta experiencia moldea los esquemas con los cuales abordamos nuestra vida y con los que moldeamos intereses y objetivos.

Ya hemos dicho que las creencias implican una forma determinada de ver el mundo. Supone la puesta en marcha de un proceso selectivo de los datos a los que tenemos acceso de la realidad que nos rodea. Estos datos consolidan y refuerzan la forma en que vemos el mundo y por lo tanto nuestras creencias.

En una cultura latinoamericana como la mía, existen falsas creencias o creencias limitantes, que han impedido por muchos años el desarrollo de la mujer, por ejemplo:

- Que el desarrollo personal solo es para los hombres.
- Que la mujer debe de cuidar la casa y los niños.
- Que el dinero de la casa lo debe aportar solo el hombre.
- Que necesitas tener una preparación para emprender.
- No es el momento adecuado.
- En esta familia no se nos dan los negocios.

¿Qué Son las Falsas Creencias?

Las falsas creencias son aquellas ideas o convicciones que sostenemos, pero que no son verdaderas o no se basan en la realidad. A menudo, estas creencias son limitantes, impidiéndonos alcanzar nuestro potencial o experimentar la vida plenamente.

Las falsas creencias no se basan en hechos o en una comprensión clara de la realidad. Pueden estar basadas en suposiciones, miedos o malinterpretaciones. Actúan como barreras, limitando nuestras acciones, pensamientos y emociones. Nos hacen sentir atrapados o incapaces de cambiar. Una vez que adoptamos una falsa creencia,

108

Gus Dimas

tendemos a buscar pruebas que la confirmen y a ignorar la evidencia en contra, lo que refuerza aún más la creencia.

Una persona que cree falsamente que "no soy lo suficientemente bueno" puede evitar nuevas oportunidades, rechazar elogios o sabotear sus propios esfuerzos, perpetuando la creencia de que no es capaz de tener éxito.

Las falsas creencias a menudo se originan en experiencias tempranas de vida, traumas, mensajes negativos recibidos de otros, o malinterpretaciones de eventos. Un fracaso o rechazo en la infancia o juventud puede sembrar la semilla de una falsa creencia que perdura durante años. Las opiniones y críticas de figuras de autoridad, como padres, maestros o jefes, pueden instalar falsas creencias en nuestra mente.

Las falsas creencias pueden tener un impacto profundo y negativo en nuestras vidas. Pueden limitar nuestras oportunidades, crear conflictos en nuestras relaciones y generar un sufrimiento innecesario. Nos llevan a comportamientos autodestructivos, como procrastinar, evitar desafíos o no cuidar de nuestra salud física y mental.

Otras creencias son las relacionadas con el dinero, determinan la forma en cómo lo ganamos, cómo lo administramos o cómo lo gastamos y van a influir en nosotros de forma favorable o no. Y déjame decirte que estas creencias vienen heredadas y de ti depende que las transmitas o no a tus próximas generaciones.

La gente puede ser muy inteligente o tener habilidades que son aplicables, pero si no creen en ello, entonces no van a trabajar realmente duro.
Mark Zuckerberg.
Presidente y fundador de Facebook.

109

Gus Dimas

Ideas para el desarrollo de un negocio feliz

Por lo que te invito a que revises si tienes arraigadas creencias que te inducen a la pobreza, generando angustia, temor, inseguridad y que solo te permitan ver lo que no tienes o tener una actitud negativa hacia la vida y al mal manejo del dinero. Y si fuera el caso, mejor cambiarlas por creencias que te puedan llevar a vivir una vida llena de abundancia y prosperidad, que te generen sentimientos de tranquilidad, paz, seguridad y felicidad. Por lo que tendrías que pasar por un proceso en el que implique que vivas más consciente de lo que tienes, que mantengas una actitud positiva ante la vida y que manejes de forma adecuada el dinero.

Cambiar las creencias es posible, siempre y cuando veamos el mundo de manera diferente a la habitual. Implica un proceso sencillo pero a la vez complejo: cambiar el observador que somos de la realidad o de los hechos y de nosotros mismos. Estamos hablando de un proceso de toma de consciencia, en el que seamos capaces de abstraernos de nuestros propios esquemas mentales.

¿Qué creencias me están limitando?
¿De dónde provienen estas creencias?
¿Qué evidencia tengo de que estas creencias son verdaderas o falsas?

Una vez identificadas, las falsas creencias deben ser desafiadas y reestructuradas. Esto implica cuestionar la veracidad de la creencia y reemplazarla por una que sea más alineada con la realidad y más empoderadora.

Para realmente poder transformar nuestras creencias, es necesario partir de premisas sustanciales sobre las cuales podamos construir el camino del cambio. Para ello te recomiendo:

- **Trabajar desde la humildad**. Desde una posición en la que sea consciente que mi punto de vista no es el único. Saber que existen distintas formas de ver las cosas y la realidad.

110

Gus Dimas

Ideas para el desarrollo de un negocio feliz

- **Apertura.** Estar abierto a nuevos planteamientos, conocimientos y formas de hacer las cosas. Transitar en un camino hacia la integración con los demás.

- **Desarrollar la acción desde la libertad.** Es decir, aceptar que si quiero cambiar es debido a mi interés por cambiar, no como imposición o como falta de opción. Cambio porque deseo cambiar.

Bajo este escenario, podemos decir que si es posible cambiar nuestras creencias o limitaciones y estar abierto al cambio. Superar las falsas creencias y construir un sistema de creencias más positivo y realista puede transformar radicalmente nuestras vidas. Nos permite ver el mundo con nuevos ojos, desbloquear nuestro potencial y vivir con mayor libertad y autenticidad.

Nuestro sistema de creencias es una fuerza poderosa que moldea nuestras vidas en formas que a menudo no comprendemos completamente. Identificar y superar las falsas creencias es un paso crucial en el camino hacia el autoconocimiento y la autorrealización. Al examinar, desafiar y reestructurar nuestras creencias, podemos liberar el potencial para vivir una vida más plena, auténtica y satisfactoria. Este proceso no solo mejora nuestra relación con nosotros mismos, sino que también enriquece nuestras relaciones con los demás y nuestra experiencia del mundo.

Debemos hacer un inventario de todo lo que creemos
y cambiar esos acuerdos que nos hacen sufrir.
Ir rompiendo acuerdos, te permite ir teniendo más poder.
Adopta nuevos acuerdos con gran valor para ti,
repítelos y ten el hábito de trabajarlos día con día.
Don Miguel Ruíz.
Autor, Los cuatro acuerdos.

Gus Dimas

Notas a considerar:

- La creencia, es el estado de la mente en el que el individuo tiene como verdadero un conocimiento o experiencia con respecto a una idea, suceso o cosa.

- Podemos decir que las creencias tienen 2 fuentes principales de origen, nuestra experiencia y nuestra cultura.

- La cultura a la que pertenecemos, determina las formas bajo las cuales actuamos para alcanzar aquello que deseamos.

- Sí se pueden cambiar las creencias, o bien hacer que estas influyan a potenciar el talento emprendedor.

- A través de nuestra experiencia, de nuestras vivencias personales, vamos cambiando las creencias de manera más o menos natural.

- Las falsas creencias son aquellas ideas o convicciones que sostenemos, pero que no son verdaderas o no se basan en la realidad. A menudo, estas creencias son limitantes, impidiéndonos alcanzar nuestro potencial o experimentar la vida plenamente.

- Al examinar, desafiar y reestructurar nuestras creencias, podemos liberar el potencial para vivir una vida más plena, auténtica y satisfactoria.

Gus Dimas

Tabla 7. **¿Por qué decidí cambiar mi sistema de creencia?**

Este espacio, es para que describas brevemente, si consideras que tienes que modificar tu sistema de creencias.

¿Por qué tengo esta creencia de abundancia?
¿Por qué veo favorable mi sistema de creencia para mi emprendimiento?
¿Por qué he decidido dejar de pensar en el pasado y centrarme en mis logros futuros?

Gus Dimas

Ideas para el desarrollo de un negocio feliz

Humildad como sistema de creencia

La humildad es una virtud humana atribuida a quien ha desarrollado conciencia de sus propias limitaciones y debilidades y obra en consecuencia. La humildad es un valor opuesto a la soberbia, al desarrollarla, nos ayudará a alejarnos del ego.

La humildad puede ser una cualidad humana independiente de la posición económica o social; una persona humilde no pretende estar por encima ni por debajo de nadie, sino que sabe que todos somos iguales y toda existencia tiene el mismo grado de dignidad.

Al ser un valor, nos permite estar más conscientes de las acciones que realizamos al momento de querer emprender, de anteponer el servir y ayudar a los demás y nos brinda la posibilidad de llevar a cabo nuestro propósito de vida.

Una persona humilde, o que proviene de un hogar de escasos recursos, no quiere decir que no cuente con posibilidades de prosperar, hemos visto muchos casos de personas con gran empuje, que han construido empresas muy prósperas y han creado una gran cantidad de fuentes de empleo. Esto se debe, a que no les importa ni pierden el tiempo en seguir pensando de donde vienen, sino hacía dónde van.

115

Ideas para el desarrollo de un negocio feliz

La humildad es una característica propia de las personas modestas, aquellas que no se sienten más importantes o mejores que el resto. Sin importar cuán lejos han llegado en la vida, las personas humildes no se jactan de sus logros.

La humildad reúne una serie de características manifiestas en el comportamiento, mismas que nos servirán de guía al momento de querer emprender un cambio. Algunas de esas características son:

- **Comprender la igualdad y dignidad de todas las personas.** Es un principio fundamental al momento de construir un equipo de trabajo sólido y comprometido con nuestro fin común.

- **Valorar el trabajo y el esfuerzo de los demás.** Estar conscientes que todos tienen características diferentes y que pondrán cada uno, su mayor esfuerzo para lograr los resultados en conjunto.

- **Aprender a reconocer mis propias limitaciones.** El que yo esté consciente de cuáles son mis limitaciones, me permitirá también valorar el trabajo y esfuerzo de los demás y podernos complementar.

- **Actuar con modestia, sencillez y mesura.** Permitirá tener un equipo bien enfocado y que se sienta con plena confianza en aportar sus ideas para innovar o mejorar productos o procesos de trabajo.

- **Escuchar a los demás.** Tomar en cuenta sus opiniones va creando lazos de compromiso, que ayudará al ambiente de armonía que requieres para tu equipo de trabajo.

Gus Dimas

- **Respetar a los demás.** No solo debes guardar respeto a tu equipo de trabajo, sino a todo tu alrededor, a tus proveedores, clientes, consumidores y personas con las que convivas en tu día a día, te permite estar y sentirte bien.

Hay una delgada línea entre la humildad y la ostentación. Este tipo de conductas requieren un análisis temporal de las personas, ya que nos podemos encontrar con alguien que verdaderamente es humilde, o con individuos que se hacen pasar por humildes para obtener la aceptación de las personas, pero en realidad tienen conductas soberbias en su vida cotidiana.

Cabe señalar, que no todas las personas están preparadas para reconocer las virtudes, méritos o logros de los demás. Por lo regular estas personas, no han conseguido alcanzar un resultado similar y ver los aciertos de otros, los hace sufrir.

Por lo que es importante al momento de emprender un cambio en tu vida, ser cauteloso a quién le compartirás tus deseos de crecimiento personal, ya que habrá personas que buscarán sabotear de manera inconsciente o no tu proyecto.

Si tu deseo es emprender, estás haciendo un acto de tratar de satisfacer una necesidad para ciertas personas, lo que se traduce en el simple hecho de preocuparte en los demás y demostrarlo con acciones.

Tu esfuerzo y trabajo de hoy,
será la mayor satisfacción del mañana.
Esta iniciativa y entusiasmo por la apertura
de tu empresa, crearán un futuro lleno de logros
Para ti.
Anónimo.

117

Gus Dimas

Ideas para el desarrollo de un negocio feliz

Por lo que estamos enviando una señal a esa fuerza divina que hace girar el universo de una manera perfecta y por lo tanto entrar en una circulación continua con la misma energía que mueve el cosmos. Por lo que será importante mantenernos en una frecuencia de paz, de desapego y alejada del ego.

El ego y el apego están profundamente interconectados. El ego, en su búsqueda de identidad y seguridad, tiende a generar apego a lo que percibe como valioso o necesario para su supervivencia y validación. El apego es, en cierto modo, una extensión del ego, ya que nos aferramos a lo que refuerza nuestra identidad o proporciona una sensación de seguridad.

Si el ego de alguien está fuertemente ligado a su imagen corporal, puede desarrollar un apego intenso a mantener una apariencia física específica, lo que podría llevar a una obsesión con la dieta, el ejercicio o la cirugía estética.

El desapego, en cambio, implica una superación tanto del ego como del apego. Es el proceso de reconocer que la identidad no se define por posesiones, relaciones o logros, y que la verdadera paz proviene de soltar el control y aceptar la impermanencia.

Se manifiesta como la capacidad de amar sin necesidad de poseer, de trabajar sin obsesionarse con el resultado y de vivir sin miedo a la pérdida.

El desapego no significa renunciar a los logros, las relaciones o las posesiones, sino que implica una liberación de la necesidad de control y una aceptación de la naturaleza transitoria de la vida. Practicar el desapego nos permite disfrutar de la vida con una mayor sensación de paz, aceptación y libertad.

Alguien que practica el desapego puede seguir cuidando su salud física, pero lo hace desde un lugar de autoamor y no desde una necesidad compulsiva de cumplir con un ideal de belleza. Su autoestima no depende de cómo se ve, sino de cómo se siente consigo mismo.

Gus Dimas

Ideas para el desarrollo de un negocio feliz

En el contexto budista, el desapego (o "no-apego") es la práctica de soltar los deseos y las expectativas, reconociendo la impermanencia de todas las cosas. Un monje budista practica el desapego al renunciar a posesiones mundanas y vivir una vida de simplicidad y meditación, enfocado en el desarrollo espiritual.

La práctica de mindfulness, basada en la meditación budista, enseña a las personas a observar sus pensamientos y emociones sin apegarse a ellos, promoviendo una mente clara y no reactiva.

En el hinduismo, el desapego es una práctica central en el camino del karma yoga, donde se realiza el deber sin apego a los resultados, ofreciendo todas las acciones al divino. Un devoto hindú realiza sus deberes diarios como una ofrenda al divino, sin preocuparse por el éxito o el fracaso, confiando en que todo está en manos de lo divino.

En el taoísmo, el desapego es la práctica de permitir que las cosas sigan su curso natural, actuando en armonía con el Tao (el camino) sin resistencia ni imposición. Un taoísta practica el wu wei al tomar decisiones en su vida diaria basadas en la observación y la adaptación a las circunstancias, en lugar de intentar controlar o forzar los resultados.

En la Terapia Cognitivo-Conductual (TCC), el desapego se refiere a la capacidad de distanciarse de pensamientos negativos y patrones de pensamiento irracionales, permitiendo a las personas observar sus pensamientos sin identificarse con ellos. Un paciente que practica el desapego en la TCC aprende a desafiar pensamientos como "nunca soy lo suficientemente bueno", reemplazándolos con afirmaciones más realistas y positivas.

El desapego es una práctica esencial para aquellos que buscan una vida más plena, libre de sufrimiento innecesario y en armonía con el mundo que les rodea. A través del desapego emocional, material e intelectual, las personas pueden encontrar una mayor paz interior, mejorar sus relaciones y abrirse a nuevas posibilidades de crecimiento y desarrollo personal.

Gus Dimas

Ideas para el desarrollo de un negocio feliz

Entender la diferencia entre el ego, el apego y el desapego es crucial para el crecimiento personal y espiritual. El ego y el apego son naturales en la experiencia humana, pero pueden llevar al sufrimiento si no se manejan con conciencia. El desapego, por otro lado, nos ofrece un camino hacia la libertad interior y una vida más equilibrada y plena. Al aprender a identificar y trascender las limitaciones del ego y el apego, podemos vivir de manera más auténtica y en paz con nosotros mismos y con el mundo que nos rodea.

Si sigues las recomendaciones que has leído en este libro, estarás participando en un ciclo divino conocido como Ley de la atracción, sin embargo debes de tener muy claro jugar el papel que te corresponde al tener toda la intención de lograr tu objetivo planteado que es hacer realidad tu deseo de un crecimiento personal que te dará mejor calidad de vida.

Te recuerdo que es el momento de cuestionar tus creencias que has tenido arraigadas y que te generaban límites y temores a crecer. Es el momento de creer en ti como premisa y tener una fe inamovible en que todo lo que deseas está por llegar, recuerda que muchos lo han logrado partiendo con menos de lo que tú cuentas.

Los valores son sistemas de creencias que nos sirven especialmente para juzgar lo que está bien y lo que está mal en nuestras vidas. Las creencias son los filtros del cristal con el que vemos y percibimos el mundo. Son esas entidades mentales que están gobernando nuestro cerebro. Las creencias son la brújula y los mapas que nos guían hacia nuestros objetivos y nos inspiran la confianza necesaria de que sabremos alcanzarlos. Por lo que te invito a definir claramente tus valores, de tal manera que te guíen, te motiven y ayuden a lograr tus objetivos.

Es difícil derrotar a una persona que nunca se rinde.
Babe Ruth.
Miembro del salón de la fama Béisbol.

120

Gus Dimas

Ideas para el desarrollo de un negocio feliz

Notas a considerar:

- La humildad es una virtud humana atribuida a quien ha desarrollado conciencia de sus propias limitaciones y debilidades.

- La humildad es un valor opuesto a la soberbia y al desarrollarla, nos ayudará a alejarnos del ego.

- La humildad es una característica propia de las personas modestas, aquellas que no se sienten más importantes o mejores que el resto.

- Sin importar cuán lejos han llegado en la vida, las personas humildes no se jactan de sus logros.

- No todas las personas están preparadas para reconocer las virtudes, méritos o logros de los demás. Ten mucho cuidado a quien contar tus sueños.

- El desapego, es el proceso de reconocer que la identidad no se define por posesiones, relaciones o logros, y que la verdadera paz proviene de soltar el control y aceptar la impermanencia.

- Entender la diferencia entre el ego, el apego y el desapego es crucial para el crecimiento personal y espiritual.

Gus Dimas

Tabla 8. **¿Por qué es muy importante creer en mí?**

Este espacio, es para que describas brevemente, cómo trabajarás la humildad.

¿Por qué es importante satisfacer las necesidades de los demás?
Acciones que realizaré para desarrollar mi humildad.

Idea 4 La necesidad de cambio

Para la mayoría de las cosas importantes,
el tiempo siempre es un problema.
¿Esperas un buen momento para renunciar a tu trabajo?
Las estrellas nunca se alinearán y los semáforos nunca
se pondrán en verde al mismo tiempo.
El Universo no conspira en tu contra, pero tampoco se sale
de su camino para acomodar las cosas.
Las condiciones nunca son perfectas. "Algún día"
es una enfermedad que llevará tus sueños a la tumba.
Timothy Ferris.
Empresario y autor de La semana de cuatro horas.

Gus Dimas

El Cambio

El cambio siempre está presente en nuestra vida, desde que nacemos estamos teniendo cambios constantes, ya que nuestro cuerpo va cambiando, crecemos y nuestro entorno va cambiando, seguimos creciendo y nos damos cuenta que el mundo también está cambiando y sin embargo nos cuesta mucho trabajo aceptar el cambio y nos resistimos a él.

El cambio es una constante en la vida. Sin embargo, a menudo lo resistimos, le tememos o lo evitamos. Para avanzar y evolucionar, tanto a nivel personal como profesional, es crucial comprender por qué el cambio es necesario y cómo podemos facilitarlo en nuestras vidas. Este capítulo explorará las necesidades que impulsan el cambio, las barreras que lo obstaculizan y las estrategias para abrazar el cambio de manera efectiva.

A nivel individual, el cambio es necesario para el crecimiento personal. Nos desafía a salir de nuestra zona de confort, a aprender nuevas habilidades y a adaptarnos a nuevas circunstancias. En un entorno profesional, el cambio es esencial para mantenerse competitivo. Las empresas que no evolucionan, innovan o no se adaptan a nuevas tecnologías y mercados, corren el riesgo de volverse obsoletas.

El cambio es a menudo una respuesta necesaria a una crisis o adversidad. Puede ser un catalizador para el crecimiento y la transformación cuando las circunstancias nos obligan a reconsiderar nuestras prioridades y enfoques. La capacidad de cambiar y adaptarse durante tiempos difíciles es una manifestación de la resiliencia. Las

125

personas y organizaciones que son capaces de reinventarse durante una crisis tienden a emerger más fuertes.

Es necesario adaptarse siempre a los cambios, de lo contrario podemos sufrir las consecuencias de resistirnos a no querer cambiar y quedar fuera de la jugada. Y no me refiero a cambiar de un trabajo a otro, de una empresa a otra, ya que seguirás haciendo las mismas funciones, con diferentes personas o cultura, pero tarde o temprano llegarás a la conclusión de que no tuviste un cambio real, ya que será siempre lo mismo.

Si este libro ha querido dejarte algo, es precisamente la posibilidad de crear un cambio significativo en tu vida, tanto en el plano personal como profesional. Por lo que será muy importante desarrollar tu capacidad de adaptación al cambio para progresar y evolucionar. Con ello no quiero decir que tengas asegurado ya el éxito o que de aquí en lo adelante vayas a desconocer el fracaso. Solo trato de hacerte comprender que cada experiencia que tengas sea positiva o negativa, la aproveches al máximo y aprendas a obtener lo mejor de todas ellas. Por lo que siempre será mejor que tú seas quien se adelante al cambio y des el primer paso al crecimiento y desarrollo de tus aptitudes.

Si algo siempre será constante, es precisamente el cambio y éste no depende de nosotros. No te esperes a tener la experiencia que consideras necesaria para emprender un cambio en tu vida, o tener el recurso financiero necesario para iniciar un negocio. Una realidad es que quien emprende algo pasa más apuros que el que se queda siempre en su zona de confort; sólo es cuestión de saber enfrentarse a ellos, idear una estrategia y armar un plan de acción.

Quienes no consiguen alcanzar sus sueños generalmente se han dejado vencer por las frustraciones y la adversidad, han permitido que éstas les disuadiera de emprender las acciones necesarias que les hubieran servido para avanzar hacia el logro de sus objetivos. Con esto podemos decir que hay dos clases de hombres: los que superaron la frustración y los que se quedaron deseando haber sido capaces de superarla.

126

Gus Dimas

Por lo que debes tener siempre presente cual será tu meta o sueño a cumplir, emprender la acción que te ponga en esa dirección y crear y fijar la sensación que una vez que logres ese sueño te permita manifestar ese sentimiento. Con ello estarás creando tu foto mental de lo que quieres ser.

La sabiduría o conocimiento es importante, sin embargo han sido las personas que emprendieron una acción como la que te invito a realizar quienes crearon éxitos excepcionales y han cambiado el mundo. Todo resultado producido por alguna persona ha sido creado por un grupo determinado de acciones dentro de un área determinada.

Como nos comparte Deepak Chopra en su libro *Las siete leyes espirituales del éxito*:

Renunciemos a nuestro apego a lo conocido y adentrémonos en lo desconocido, así entraremos en el campo de todas las posibilidades. La sabiduría de la incertidumbre jugará un importante papel en nuestro deseo de entrar en lo desconocido. Esto significa que en cada momento de nuestra vida habrá emoción, aventura, misterio; que experimentaremos la alegría de vivir: la magia, la celebración, el júbilo y el regocijo de nuestro propio espíritu. Una de las características del campo de todas las posibilidades es la correlación infinita. Este campo puede orquestar una infinidad de sucesos espacio-temporales con el fin de producir el resultado esperado. Pero cuando hay apego, la intención queda atrapada en una forma de pensar rígida y se pierden la fluidez, la creatividad y la espontaneidad inherentes al campo de todas las posibilidades. Cuando nos apegamos a algo, congelamos nuestro deseo, lo alejamos de esa fluidez y esa flexibilidad infinitas y lo encerramos dentro de un rígido marco que obstaculiza el proceso total de la creación.

Gus Dimas

Ideas para el desarrollo de un negocio feliz

Al iniciar los cambios, te vas a ir dando cuenta del progreso que vas a ir teniendo, aunque estos sean mínimos, deben de ir siendo siempre constantes. A veces resulta que son los detalles más pequeños los que han dado lugar a las diferencias más significativas en nuestra vida. Para ello será importante estar consciente del tremendo poder de la fe. Las creencias positivas convierten a uno en esa persona que se propone a ser.

Existen algunos factores o señales, que pueden ayudarte a detectar la necesidad del cambio y te conviertas en esa persona que anhelas o que llevas dentro:

- **Señales externas.** En este momento que estoy escribiendo este libro aparece una pandemia (covid-19), un fenómeno que no me había tocado vivir, la cual está azotando a todo el mundo y que nos está sacudiendo en muchos sentidos, como el hábito de consumo, el hacer las cosas de diferente manera, la forma de hacer negocio en línea y si lo analizas adecuadamente, te darás cuenta de que así como se están cerrando muchas oportunidades, se abren las puertas para muchas otras y una de esas puede ser para ti.

- **Señales de crisis en tu ámbito laboral.** Si tomamos en cuenta el ejemplo anterior, las empresas tendrán que llevar a cabo algunos ajustes, ocasionando que el ambiente laboral donde te desempeñas, esté lleno de incertidumbre por la situación que se vive y sea una clara señal de que sea el momento de emprender.

- **Señales de replantear tu futuro.** Quizá no estés pasando por alguna de las anteriores, sin embargo ya no te sientes a gusto con la vida que estás llevando y esto te orille a hacerte un replanteamiento para imaginar el futuro que deseas.

Gus Dimas

Ideas para el desarrollo de un negocio feliz

Y como estas señales habrá otras, pero lo que te pido, es que escuches a tu instinto que te está tratando de decir, que es momento de emprender el proyecto que has pensado y que confíes en él, tanto como en tu capacidad para llevarlo a cabo.

Decía Winston Churchill, "mejorar, es cambiar; así que para ser perfecto hay que cambiar a menudo." Como lo hemos comentado, lo único constante es el cambio y no podemos evitarlo y al parecer cada vez que nos resistimos a querer cambiar, más difícil se vuelve nuestra vida.

Yo lo sé muy bien, ya que yo me resistía mucho a los cambios y lo que pudieran traer, sin embargo es como si fuéramos en contra de la corriente en un mar abierto y cada vez sientes que te va metiendo a lo más profundo, por ello es importante reconsiderar y no aferrarse a los cambios que son inevitables.

El cambio puede llegar a nuestra vida, como resultado de una crisis, o por voluntad propia o bien por pura casualidad. En cualquiera de estas circunstancias, cada uno de nosotros, nos vemos forzados a tener que tomar una decisión.

Ten en mente que tu propósito y tu plan para lograrlo
puede ser modificado de vez en cuando…
Lo importante es que comprendas el significado de
trabajar siempre con un objetivo en mente
y con un plan bien estructurado.
Napoleon Hill.
Autor de Piense y hágase rico.

Ideas para el desarrollo de un negocio feliz

En la actualidad más que en otro momento, estamos rodeados de eventos tecnológicos y situaciones inesperadas de salud, que nos obligan a cambiar la forma en que hemos venido haciendo las cosas, la forma en que consumimos, trabajamos o bien la forma en que hacemos negocio.

En cualquiera de estas situaciones, cada uno de nosotros nos vemos obligados a decidir ¿Qué hacer o cómo vamos a actuar? Debemos tomar en cuenta, que siempre es mejor hacer cambios en nosotros y en la forma en que conducimos nuestra vida por voluntad propia antes de ser forzados a tener que hacerlos.

A continuación te brindo una serie de consejos que te servirán al momento de tomar la decisión de hacer un cambiar o emprender tu proyecto de negocio:

- **Contar con un propósito en la vida.** Es aquello que justifica tu existencia en el universo, que te permitirá servir y ayudar a los demás mediante tu proyecto de emprendimiento. Te recomiendo que revises cuáles son tus sueños, qué es lo que realmente te hace feliz, revisa lo que has escrito en la tabla 2, cuáles son tus capacidades y habilidades y encuentra algo significativo, que le dé sentido a tu vida y que establecerá el rumbo que debes seguir.

- **Establece las metas que quieres lograr.** Una vez que sabes cuál es tu propósito de vida, tienes que empezar a actuar en consecuencia y tienes que fijarte objetivos medibles y alcanzables. Lograr estas metas, es lo que te permitirá alcanzar tus sueños, por lo que debes ser muy certero al momento de fijarlas.

Gus Dimas

Ideas para el desarrollo de un negocio feliz

- **Crear un auto aprendizaje continuo.** Cada vez que aprendes algo nuevo, adquieres más conocimientos, los cuales te permitirán tener mayor confianza, empoderarte y tomar mejores decisiones. El aprendizaje nos permite ser más creativos e innovadores, que son cualidades fundamentales del emprendedor. También el aprendizaje nos permitirá ser más flexibles y adaptarnos a las situaciones constantes del cambio.

Siempre será un buen momento para cambiar y decidirte a emprender y luchar por tus ideas y darles forma desde la planeación. Siempre será un buen momento para apostar por tus sueños y enfocarte en lo que quieres lograr en la vida.

Como dijo Theodore Roosevelt en un discurso titulado *El hombre en la arena*:

> No es el crítico quien cuenta, ni el que señala con el dedo al hombre fuerte cuando tropieza, o el que remarca qué podría haber hecho mejor aquel que hace las cosas. El mérito recae en exclusiva en el hombre que se encuentra en la arena, con el rostro manchado de polvo, sudor y sangre; el que lucha con valentía, el que se equivoca y yerra el golpe una y otra vez, porque no hay esfuerzo sin error ni fallos. Quien cuenta es aquel que se esfuerza por hacer las cosas; aquel que conoce grandes entusiasmos, las grandes devociones; que se entrega en cuerpo y alma a una causa noble; aquel que, si la fortuna le sonríe, al final saborea el triunfo de los grandes logros y si no, si fracasa, al menos lo hace mostrando toda su audacia, por lo que jamás ocupará un lugar entre esas almas frías y asustadizas que no conocen la victoria ni la derrota.

Recuerda que entre más joven, más lleno de energía estarás y será más fácil sortear cualquier barrera que se te presente. Tendrás la fuerza

Gus Dimas

necesaria para levantarte de cualquier caída, sin importar cuantas sean y lo fuerte que pudieran ser.

Aprende a escuchar a tu intuición, a tomar decisiones más del corazón, permite tener ese salto que te llevará de solo cubrir con una función en una empresa, a resolver alguna necesidad que demande el mercado o que puedas innovar y hacer las cosas de diferente manera. Es por ello que te invito a darle un cambio a tu vida y te permitas tener una transformación verdadera y genuina, buscando a lo que realmente viniste y que estarás dispuesto a empeñar todo tu esfuerzo para lograrlo.

Como ya lo vimos en el capítulo anterior, la gente se resiste al cambio, debido al miedo, a la incertidumbre de lo que puedas dejar o perder en el camino, a la falta de control de la nueva situación que te pondrá el haber tomado la decisión de salir de tu zona de confort y a la falta de confianza. Sin embargo has llegado al momento que debes confrontar todas esas barreras mentales y luchar por lo que realmente quieres, por lo que has venido a hacer, por tu propósito de vida.

Es normal que uno le dedique tiempo a analizar si será el mejor momento para tomar esa decisión, para poner en acción el proyecto de negocio, o para cambiar de empresa o cargo, sin embargo no esperes a que todos los semáforos estén en verde para avanzar, tú solo da el primer paso y deja que en el camino las cosas mejoren y se vayan alineando a lo planeado.

Dentro de veinte años, estarás más decepcionado
por las cosas que no hiciste, que por las que hiciste.
Así que suelta amarras, navega lejos de puertos seguros,
atrapa los vientos favorables en tus velas, explora., sueña.
Mark Twain.
Escritor.

Ideas para el desarrollo de un negocio feliz

Para lograr que tu decisión sea exitosa, todo proceso de cambio debe ser entendido como positivo y darte cuenta de las oportunidades que aparecen con el cambio. La adaptación es una necesidad básica para la supervivencia. A medida que las circunstancias externas cambian, la capacidad de adaptarse es crucial para seguir adelante.

La necesidad de ser flexible y adaptarse a nuevas circunstancias es vital para enfrentar desafíos imprevistos y aprovechar nuevas oportunidades. Un profesional que se da cuenta de que su industria está cambiando debido a la automatización puede decidir aprender nuevas habilidades técnicas para mantenerse actualizado y ser más competitivo.

Es en este momento, donde ya has llevado a cabo ciertos ejercicios para conocerte y saber detectar cuáles son las competencias que te ayudarán a emprender este cambio, tendrás que poner manos a la obra para averiguar cuál es el propósito que tienes en la vida. Te pido te apoyes en el ejercicio de la tabla no. 2, donde describes tus habilidades y competencias y con base en ellas, plantearte qué necesidad puedes cubrir o qué producto puedes innovar o modificar para hacer algo diferente y que lo puedas poner al servicio de los demás.

Tu propósito de vida, es lo que te motivará a emprender este nuevo horizonte, te permitirá disfrutar el camino mientras vas persiguiendo tus objetivos. Será esa energía que te da la fuerza necesaria y te impulse a lograr lo que te propongas.

Será conveniente que lleves a cabo una planificación de lo que tendrás que hacer para llevar a cabo este cambio, para ello una vez que tengas presente cual será tu propósito de vida, fíjate una serie de objetivos a corto y mediano plazo, en los que incluyas algunos indicadores, como tiempo de realización y la forma en que les darás seguimiento.

Es muy importante que te estés fijando objetivos de mediano plazo, como por ejemplo de un año. Hacer un plan de lo que necesitar realizar para conseguir ese resultado y realizar ajustes periódicamente. Una vez concluido el plazo, evaluar y volver a plantearte otro objetivo. Lo más

133

importante es visualizar esos objetivos con la intención de haberlos ya logrado.

Menciono lo importante que es encontrar nuestro propósito en la vida, ya que una vez que logres cumplir tus objetivos económicos, te darás cuenta que lo más importante en este camino ha sido la satisfacción de estar contribuyendo a mejorar la vida de muchas personas y por ende aportando tu granito de arena por un mejor planeta.

El cambio no solo es inevitable, sino necesario para el crecimiento, la adaptación y el logro de nuestros propósitos en la vida. Aunque a menudo nos resistimos a él debido a miedos, hábitos y creencias limitantes, reconocer la necesidad del cambio y adoptar estrategias efectivas para facilitarlo puede transformar nuestras vidas. Al abrazar el cambio con una mentalidad abierta y positiva, podemos desbloquear nuestro potencial, superar desafíos y vivir de manera más auténtica y satisfactoria.

Tu porqué te dará el poder para alejar a los demonios
de la duda que inevitablemente invadirán tu mente.
Comprender tu porqué es un motor de perseverancia,
te mantiene caminando incluso cuando piensas que no
puedes hacerlo. Es así de importante. Descubre cuál es
tu porqué antes de empezar el camino.
Alden Mills.
Empresario, autor y orador.

Notas a considerar:

- Siempre será mejor que tú seas quien se adelante al cambio y des el primer paso al emprendimiento.

- No te esperes a que tengas la experiencia que tú consideras necesaria para emprender.

- Permítete por un momento ver hacia adentro y ver en dónde estás y a dónde podrías llegar una vez que emprendas tu propia empresa.

- No permitas que tus mejores años laborales, estén al servicio de otros y no de tus sueños.

- Existen algunos factores o señales, que te ayudarán a detectar la necesidad del cambio.

- Aprende a escuchar a tu intuición, a tomar decisiones más del corazón.

- Tu propósito de vida, debe de ser algo que te motivará a emprender el cambio, que te permitirá disfrutar del camino mientras vas persiguiendo tus objetivos.

- A medida que las circunstancias externas cambian, la capacidad de adaptarse es crucial para seguir adelante.

Tabla 9. **¿Por qué fue necesario un cambio en mi vida?**

Este espacio, es para que describas brevemente, qué situaciones te sirvieron para tomar la decisión de hacer un cambio.

¿Por qué me he decidido a cambiar?
Describe brevemente qué acciones vas a llevar a cabo.
Describe brevemente, qué haría tu instinto ante tal situación.

Visualización creativa

Por lo regular, empleamos nuestra mente para estar pensando en lo que acontece en el día a día, si tenemos algún pendiente, tratamos de darle muchas vueltas a nuestro pensamiento para buscar la forma de resolverlo, si nos fue mal en casa o en el trabajo, se nos llena la mente con imágenes de lo ocurrido, o puede ser que tengamos problemas financieros y la mente nos traslada a eventos del pasado en el que muy probablemente tuvimos los mismos problemas y cuáles fueron las consecuencias. De este modo estamos invirtiendo toda nuestra energía, en alimentar mentalmente una situación que no nos gusta y que hace que se modifiquen nuestras acciones y solo nos llenemos de preocupaciones.

Es tan poderosa nuestra mente, que todos esos pensamientos y sentimientos que se derivan de ellos, tienen la capacidad de modificar nuestra realidad, ya que nuestras acciones se modifican, por lo que es necesario que controles tu mente y de ella salgan pensamientos positivos que te ayuden a construir lo que realmente quieres para tu vida.

El ex Presidente de los Estados Unidos Abraham Lincoln dijo: "Creer en las cosas que se pueden ver y tocar no es creer. Creer en lo que no se ha visto es un triunfo y una bendición". ¿Cuánta razón ha tenido, no crees?

137

Gus Dimas

Ideas para el desarrollo de un negocio feliz

¿Cuántas veces te ha pasado, que cuando algo despierta tu interés, lo empiezas a ver por todas partes? Por ejemplo, cuando estás interesado en comprar un auto y empiezas a verlo por todos lados, o que estás interesado en contraer matrimonio y te empiezan a invitar a diversos eventos nupciales. O que ya tienes pensado el negocio o empresa que emprenderías y empiezas a verla por todos lados.

En el libro *Tú naciste rico* del escritor y mentor de negocios Bob Proctor, encontrarás el siguiente texto:

> Comprenda que las "imágenes" son dibujos mentales creados a partir de pensamientos, y lo magnífico de la mente es que puede pensar. Es decir, puede interceptar pensamientos y crear la imagen que elija. Ahora juegue un poco con su mente y dese cuenta cómo puede hacer aparecer una imagen tras otra en su mente. Es casi como si dentro de su cuerpo se encontrase sentado en un gran teatro, y usted es el guionista, director y productor de la película que está viendo. Ahora atienda a esta verdad. Todo lo que hacemos se encuentra precedido de una imagen. Primero pensamos para formar una imagen, luego actuamos.

La visualización creativa, es una herramienta muy poderosa que todos tenemos, pero que pocos la utilizamos para diseñar a través de la imaginación la vida que deseamos y hacerla tangible. No es nada nuevo ni extraño, ya que la usamos a diario, a cada minuto, cada instante, de forma consciente o no.

La imaginación es la capacidad de crear una idea, una imagen mental o una sensación de algo, mientras que la visualización creativa, consiste en utilizar nuestra imaginación para crear una representación clara de algo que deseamos que se manifieste, como estar viviendo en la casa que tanto anhelamos, viajar en el auto de mis sueños, estar con la pareja ideal, experimentar un desarrollo personal, disfrutar momentos de gozo en algún lugar en especial, contar con relaciones personales satisfactorias, gozar de buena salud, de prosperidad en los negocios, entre otras más.

138

Gus Dimas

Ideas para el desarrollo de un negocio feliz

Todo esto ocurre, ya que el ser humano está diseñado para detectar todo aquello en lo que centramos nuestra atención o que es de nuestro interés. Se puede decir que nos volvemos muy sensibles a dichos estímulos que capten nuestra atención. De este modo lo que ocupe tu pensamiento, será más fácil que lo detectes en tu mundo consciente.

Una vez que estés consciente de ello, puedes decidir con qué pensamientos deseas alimentar tu mente y ocupar esta poderosa herramienta al servicio de tus objetivos, para atraer solo pensamientos enfocados a lo que será tu emprendimiento o lo que quieres que se vuelva tu carrera profesional, pero debes tener mucho cuidado en filtrar y solo dejar pasar a tu mente, aquellos que sean positivos y que enriquezcan tu proyecto.

Quiero pedirte, que cierres por un momento tus ojos y que inhales profundamente en 3 ocasiones y que te imagines estar en un lugar maravilloso, seguro, alejado de la ciudad y del ajetreo común, un camino lleno de vegetación, arboles con hojas de colores, que transpiran un aroma delicioso, con un atardecer y puesta de sol increíble.

Ahora te pido, que trates de llevarte esa escena y la recuerdes todo el día y por la noche, te preguntes qué sensación te ha dejado. La visualización creativa nos ayuda a implantar y arraigar dichas escenas para tenerlas presentes a lo largo del día.

Para entrenar tu mente con la visualización creativa, te voy a pedir que realices un ejercicio por las noches durante veintiún días. Antes de dormir vas a tratar de recordar el mejor momento del día, cómo fue, que te llamó más la atención, con quién estabas, qué estaba a tu alrededor, qué aromas prevalecían, toma en cuenta hasta el último detalle. Esto te permitirá que vayas desarrollando dicha capacidad para controlar tu mente a lo qué quieres o deseas.

139

Gus Dimas

Ideas para el desarrollo de un negocio feliz

La visualización, es prender la pantalla que se encuentra dentro de tu mente y acceder al canal y al programa de tu elección con el fin de estar anticipándote al futuro que estás eligiendo.

En el libro *Las siete leyes espirituales del éxito* de Deepak Chopra, podemos encontrar el siguiente texto:

> La intención es el verdadero poder detrás del deseo. La sola intención es muy poderosa, porque es deseo sin apego al resultado. El solo deseo es débil, porque en la mayoría de los casos es atención con apego. La intención, combinada con el desapego, lleva a una conciencia del momento presente centrada en la vida. Y cuando la acción se realiza teniendo conciencia del momento presente, su eficacia es máxima. La intención mira hacia el futuro, pero la atención está en el presente. Mientras la atención esté en el presente, la intención hacia el futuro se cumplirá porque el futuro se crea en el presente. Debemos aceptar el presente tal como es. Aceptemos el presente y proyectemos el futuro. El futuro es algo que siempre podemos crear por medio de la intención desapegada, pero nunca debemos luchar contra el presente.

Es importante que al tener activa esa pantalla mental, trates de ver minuciosamente los detalles, percibir olores, sabores, colores, ya que te permitirá con ello hacer que tus sentidos se activen y se vayan acostumbrando a ello.

La tragedia de la vida no reside en no alcanzar tu meta.

La tragedia está en no tener metas que alcanzar.

Benjamin Mays.
Activista por los derechos civiles.

Gus Dimas

Ideas para el desarrollo de un negocio feliz

Una vez que estamos entrenando nuestra mente, haremos el ejercicio enfocado a nuestro proyecto por lo que es muy importante que elijas un horario adecuado para llevarlo a cabo, en el que predomine la tranquilidad y te puedas relajar hasta alcanzar un estado mental profundo y sereno de meditación.

Cabe señalar que el estado meditativo, es buscar la paz interna que existe dentro de ti, es olvidarte de tu cuerpo, de cualquier sentido, es entrar al mundo inmaterial, donde lo único que observarás es el cosmos, en el cual te podrás dar cuenta que eres nada y a la vez, formas parte del todo.

Luego empieza a imaginar a la persona en la que te quieres convertir y qué deseas tener, dónde te encontrarás viviendo, en qué empresa y posición estarías trabajando, imagina cómo te ves dirigiéndola, cómo te relacionas con tus colaboradores, imagina lo próspera que quieres que sea, si te encuentras viajando a nivel nacional o llegarás a diferentes partes del mundo, agrega detalles que te parezcan importantes, trata de experimentar la sensación de que todo eso es posible y disfruta todo esto, como si lo estuvieras viviendo en el momento presente. Imagina las cosas tal y como te gustaría que fueran.

Recuerda que el límite del alcance de tu objetivo o deseo, te lo marcas tú (el pedir no empobrece), por lo que es momento de que pidas al universo cuánto te gustaría obtener.

Pide y te será concedido.

Busca y hallarás.

Llama a mi puerta y te abriré.

Porque todo el que busque, hallará.

Y a todo aquel que llame a la puerta,

Le será abierta.

Mateo 7:7

141

Gus Dimas

Ideas para el desarrollo de un negocio feliz

Repite este ejercicio de 2 a 3 veces al día o siempre que tu pensamiento te lo pida. Si tienes claro lo que deseas y tu voluntad de cambiar es firme, es muy probable que empieces a notar cambios de forma muy rápida. Y para fortalecer este ejercicio, te invito a desarrollar un tablero de visión, el cual consiste en pegar fotos e ilustraciones de cosas como la casa o el auto de tus sueños, el tipo de empresa donde quieres estar, algo muy importante, cómo te quieres ver, así como de momentos que anhelas vacacionar y disfrutar con tus seres queridos.

Tu tablero debe ser muy visual y será algo de lo primero y último que veas en el día, por lo que te invito a que lo coloques dentro de tu habitación y que cada mañana sea éste el que te motive a seguir adelante en el camino correcto a tu propósito de vida.

Tu tablero de visión, tendrá el propósito de crear un recordatorio visual en cada momento, de lo que esperas alcanzar una vez que hayas emprendido tu proyecto, por lo que te mantendrá enfocado y motivado. Al saber qué es lo que queremos y al estar visualizándolo, estamos aportando lo que nos corresponde para que el universo conspire a nuestro favor y todo ello se vuelva realidad.

La visualización creativa es mágica, es una herramienta poderosa que está a tu alcance, solo implica comprenderla un poco e identificarnos con los principios naturales que rigen la acción de nuestro universo y aprender a usarlos de la manera más consciente y creativa posible.

Seguramente te preguntes cuál será
el precio por ir tras tus sueños,
sin embargo el tiempo se va a encargar
de recordarte, que se paga un precio
mayor por no ir tras ellos.
Gus Dimas.

Ideas para el desarrollo de un negocio feliz

Notas a considerar:

- Nuestros pensamientos y sentimientos tienen la capacidad de modificar nuestra realidad.

- La visualización creativa, es una herramienta para diseñar a través de la imaginación la vida que deseamos y hacerla tangible.

- Alimenta tu mente con pensamientos que ayuden a lograr tus objetivos.

- En lo que piensas te enfocas y lo vas creando, consciente o no, por lo que te invito a alejarte de noticias amarillistas, películas de terror o que hablen de pobreza.

- Tu tablero de visión, tendrá el propósito de crearte un recordatorio visual en cada momento, de lo que esperas alcanzar una vez que hayas emprendido tu proyecto, por lo que te mantendrá enfocado y motivado.

Gus Dimas

Tabla 10. **¿Por qué es importante tener presente mi tablero de visión?**

Este espacio, es para que describas brevemente, qué debe de llevar tu tablero de visión y posteriormente busques las imágenes que mejor lo ilustren.

¿Por qué es importante visualizar así mi vida en 5 años?

Fijación de objetivos

Probablemente, lo más complicado a la hora de conseguir lo que uno quiere en la vida, es el simple hecho de llevarlo a cabo. Esto se convierte en lo más difícil y sin duda alguna, es de lo más importante a la hora de emprender alguna acción.

Para llevar a cabo lo que uno quiere emprender, nos apoyaremos en el uso del proceso de fijación de objetivos, mismo que debe ser flexible y se puede modificar en el momento que queramos o que sea necesario.

Para vivir plenamente en el desarrollo personal, es importante establecer metas que sean significativas y alineadas con nuestros valores y propósito. Estas metas nos dan dirección y motivación para seguir creciendo.

Si deseamos emprender un proyecto de negocio, los objetivos, aportarán un enfoque y dirección de dónde canalizar nuestra energía creativa, contribuyendo por lo tanto a dar a los demás una aportación positiva.

Es probable que con el hecho de fijar nuestros objetivos del proyecto, nos permita tener una claridad de lo que queremos y de lo que podemos llegar a lograr.

Gus Dimas

Ideas para el desarrollo de un negocio feliz

Por lo que será muy importante, fijar objetivos a corto y mediano plazo, sin que éstos tengan que ser difíciles de alcanzar. Empecemos con cosas sencillas que podemos alcanzar en el corto plazo y que nos brindará la confianza para ir subiendo el grado de complejidad.

Una de las principales causas de éxito, es la correcta formulación de nuestros objetivos, por lo que te pido no tomarlo a la ligera y te des el tiempo necesario para que los plasmes en papel u ordenador ya que estos te darán la pauta en tu camino hacia el emprendimiento.

Elige las palabras correctas a la hora de formular tus objetivos, ya que de forma consciente o inconsciente, será más fácil que los puedas lograr. Aquí sí importa mucho el cómo formules tus objetivos y serán tan importantes como su contenido.

Considera importante tomar en cuenta las tablas de los ejercicios 2, para revisar cuáles son tus competencias y habilidades, así como la tabla del ejercicio 10 de tu tablero de visión, ya que son piezas fundamentales para desarrollar y formular tus objetivos.

Si por alguna razón te cuesta trabajo pensar cómo formular tus objetivos, te sugiero la regla infalible de contestar las siguientes preguntas:

- ¿Qué quieres ser?
- ¿En qué te quieres transformar una vez que emprendas?
- ¿Qué sueñas hacer, Directivo o Empresario?
- ¿A qué te quieres dedicar con tu emprendimiento?
- ¿Qué te gustaría tener?
- ¿Qué te mueve a lograr una vez que emprendas?
- ¿En qué tiempo lo quieres lograr?

Gus Dimas

Ideas para el desarrollo de un negocio feliz

Dando respuesta a estas preguntas, te será más fácil que puedas formular tus objetivos, pues habrás despertado tu consciencia hacia lo que quieres lograr. Y no es que uno no tenga un sueño establecido, simplemente que en ocasiones estamos en el ajetreo constante del día a día y no nos damos tiempo para pensar en lo que realmente queremos.

> Nunca dejes de soñar en grande,
> no sabes lo que el destino tiene
> preparado para ti.
> **Gus Dimas.**

A continuación te doy algunas recomendaciones, que te ayudarán a plantear de manera eficiente tus objetivos.

- Define tus objetivos desde una perspectiva positiva.
- Establece fechas realistas en las que puedas alcanzarlos. Empieza con objetivos a corto plazo.
- Pregúntate, ¿Cómo lo voy a lograr?
- Define tareas a realizar para cada objetivo, ya que te ayudará a que los puedas lograr con mayor facilidad.
- Que sean objetivos medibles, para que puedas monitorearlos de acuerdo a lo previsto. Apóyate en un cronograma con tiempos y tareas establecidas.

> El éxito consiste en obtener lo que deseas.
> La felicidad en disfrutar lo que obtienes.
> **Ralph Waldo Emerson.**
> **Filósofo y escritor.**

147

- Te debes basar, en lo que puedas hacer de manera individual y sin tener que depender de terceros para llevarlos a cabo.
- Deben ser inspiradores y que sean tu motivo diario de actuar hacia tu emprendimiento.
- Pregúntate, ¿Por qué es importante cada objetivo? Dando respuesta a la anterior, te permitirá conocer cuál será el impacto de cada uno de ellos para tu emprendimiento.

Aléjate un poco de la manera en la que has estado pensando y creé firmemente en todo lo que puedas soñar o imaginar, ya que la vida te ha venido preparando y ha llegado el momento de poner en práctica toda tu experiencia, habilidades y sobretodo, el carácter para tomar esta decisión de emprender un cambio de manera significativa en tu vida. Date cuenta que estás saliendo de ese grupo de personas que siempre han querido y que nunca lo han intentado, por lo que te pido que al momento de llevar a cabo tu proceso de visualización y de fijación de los objetivos que te llevarán a lograr lo que te has propuesto, seas lo más ambicioso posible, ya que estarás llevando a tu mente lo que vendrá a tu vida.

Permite actuar también a tu instinto, ya que de ahí vienen las mejores decisiones que puedes tomar. Una vez que lo lleves a cabo, seguramente habrás iniciado tu viaje a la felicidad.

Los objetivos, son como la brújula para
el capitán de un barco, ya que te conducen
y le dan el sentido necesario a tu emprendimiento
Gus Dimas.

Notas a considerar:

- Los objetivos, aportan a nuestro proyecto de emprendimiento, un enfoque y una dirección de dónde canalizar nuestra energía creativa.

- Una de las principales causas de éxito, es la correcta formulación de nuestros objetivos.

- Elige las palabras correctas a la hora de formular tus objetivos.

- Aquí sí importa mucho el cómo formules tus objetivos y serán tan importantes como su contenido.

149

Tabla 11. **¿Por qué quiero aportar esto a la vida de los demás?**

Este espacio, es para que descubras tus por qué.

¿Por qué debo lograr mis objetivos?
¿Por qué quiero obtener estos resultados?
¿A quién apoyaré una vez que logre mis objetivos?

Tabla 12. **¿Por qué quiero fijar estos objetivos?**

Este espacio, es para que fijes tus principales objetivos.

Ideas para el desarrollo de un negocio feliz

Idea 5 Empodera tu mente

Una vez que controlas tu mente
puedes lograr cualquier cosa en la vida.
Tu mente es muy poderosa,
puede hacerte sentir próspero y fuerte o destruirte.
Aprende a dirigir tus pensamientos hacia situaciones de éxito
y prosperidad financiera, éstos ayudarán a que consigas
una transformación en tan poco tiempo.
**James Allen,
El poder creador.**

Gus Dimas

Ideas para el desarrollo de un negocio feliz

Mente empoderada

El empoderamiento es la llave para desatar nuestro verdadero potencial. Al adquirir un mayor autoconocimiento, fortalecer nuestra autoestima, asumir la responsabilidad de nuestras vidas, y aprovechar los recursos disponibles, podemos vivir de manera más plena y auténtica. Este proceso no solo mejora nuestra calidad de vida, sino que también nos capacita para inspirar y empoderar a otros, creando un impacto positivo en el mundo que nos rodea.

El empoderamiento es un concepto poderoso que se refiere a la capacidad de una persona para tomar control de su vida, tomar decisiones informadas y actuar de manera efectiva para alcanzar sus metas. Más que un simple sentimiento de confianza, el empoderamiento implica una combinación de autoconocimiento, autoestima, autonomía y acción. Este capítulo explorará el significado del empoderamiento, cómo se puede desarrollar y mantener, y por qué es crucial para el crecimiento personal y el éxito.

El empoderamiento es el proceso por el cual las personas adquieren la confianza, habilidades y poder necesarios para tomar el control de sus vidas y realizar cambios significativos. Es tanto un estado mental como un conjunto de acciones que reflejan la capacidad de una persona para influir en su propio destino.

Gus Dimas

Ideas para el desarrollo de un negocio feliz

Una persona empoderada en su carrera no solo siente confianza en sus habilidades, sino que también toma la iniciativa para avanzar, busca oportunidades de desarrollo y se atreve a proponer nuevas ideas.

El primer paso hacia el empoderamiento es el autoconocimiento. Conocerse a uno mismo implica ser consciente de las propias fortalezas, debilidades, valores, y metas. Este conocimiento es esencial para tomar decisiones alineadas con lo que realmente queremos y necesitamos.

Preguntarse quiénes somos, qué queremos y por qué es crucial para comprender qué es lo que necesitamos para sentirnos empoderados. Reconocer y entender nuestras emociones nos permite manejarlas de manera efectiva y evitar que nos controlen.

Quiero que hagas un alto en el camino y realices un breve ejercicio, respondiendo las siguientes preguntas:

- ¿Qué idea tengo de mí?
- ¿Qué he logrado?
- ¿Cómo me ven los demás?
- ¿Cómo me quiero ver?
- ¿Qué esfuerzo tengo que llevar a cabo?
- ¿Durante cuánto tiempo?
- ¿Estoy preparado para este esfuerzo?
- ¿Qué recursos necesito para ponerme en marcha?
- ¿A quién puedo recurrir?

Dar respuesta a estas preguntas, nos permitirá desarrollar una mentalidad que quizás anteriormente no teníamos y que es la finalidad de este libro, una vez que hayas confrontado ciertas barreras mentales y cambiado el sistema de creencias, será más fácil tener una mentalidad que te permita crecer profesionalmente.

Gus Dimas

Ideas para el desarrollo de un negocio feliz

Alguien que es consciente de su tendencia a procrastinar puede tomar medidas específicas para abordar este hábito, lo que le permite ser más efectivo en la consecución de sus metas.

Alcanzar una mentalidad empoderada, es el gran sueño de muchas personas. Pero la gran pregunta que la gente generalmente se hace es: ¿cómo puedo llegar a tener una mentalidad que me permita mi desarrollo personal constante?

La autoestima y la autoconfianza son componentes fundamentales del empoderamiento. Creer en uno mismo y valorar las propias capacidades es esencial para tomar decisiones audaces y avanzar hacia los objetivos. Una persona con alta autoestima y autoconfianza se sentirá capaz de enfrentar entrevistas de trabajo desafiantes, sabiendo que tiene el valor y la competencia necesarios para lograr el éxito.

El empoderamiento también implica asumir la responsabilidad de nuestras vidas y decisiones. Esto significa reconocer que somos los principales responsables de nuestras circunstancias y que tenemos el poder de cambiar lo que no nos gusta.

Ser proactivo significa tomar la iniciativa en lugar de esperar que otros lo hagan por nosotros. Es la capacidad de anticipar problemas y actuar antes de que se conviertan en obstáculos.

Tu misión es practicar la autodisciplina, ya que cada acto de disciplina te exigirá persistencia y la persistencia sirve para construir la seguridad y mejorar tu autoestima. Te hace sentir más fuerte, más capaz y crea una capa de felicidad en ti. Por ejemplo, si decides emprender alguna acción y terminar alguna tarea, necesitarás disciplina para comenzar y persistencia para continuar, pero una vez que la hayas terminado te sentirás genial. Terminar una tarea te permitirá aumentar tu autoestima y confianza en ti mismo. Ganarás el respeto y la admiración de otros. Es la llave de acceso a mejores ingresos, de mejores oportunidades y responsabilidades. Sólo no olvides que todo en el mundo laboral depende de completar las tareas. No se trata de iniciar el trabajo sino de finalizarlo.

Gus Dimas

Ideas para el desarrollo de un negocio feliz

Para obtener la recompensa que solo experimenta el 5 por ciento de la población en el mundo hay que introducir hábitos e incluir formas de ser que el 95 por ciento restante no está dispuesta a hacer. Esto se debe a que el cambio de mentalidad es fundamental para el desarrollo de estrategias que te ayuden a planear y alcanzar tus objetivos, cualesquiera que sean.

Sabemos que no siempre es fácil entender nuestras limitaciones y cambiar de postura, principalmente cuando nos acostumbramos a las relaciones de trabajo rutinario o tradicional.

Cada persona tiene una serie de ideas y convicciones personales que conforman su visión general sobre la vida. Tales ideas y convicciones son el fundamento de una mentalidad. Se podría decir, que la mentalidad de cada individuo es su forma de entender la existencia.

Una mentalidad, es un conjunto de supuestos, métodos o notaciones sostenidas por una o más personas o grupos de personas.

La persona empoderada tiene unos esquemas mentales singulares. Es alguien decidido y con seguridad de sí mismo, no se rinde con facilidad y está dispuesto a sacrificarse para conseguir sus objetivos.

El ingrediente más importante es levantarte y hacer algo.
Así de simple. Muchas personas tienen ideas, pero solo
algunas deciden hacer algo hoy, no mañana,
no la siguiente semana, sino hoy.
El verdadero emprendedor, actúa en lugar de soñar.
Nolan Bushnell.
Emprendedor y fundador de Atari.

Ideas para el desarrollo de un negocio feliz

El empoderamiento no solo se trata de la mentalidad, sino también del acceso a los recursos y oportunidades necesarios para actuar. Esto incluye educación, información, redes de apoyo y habilidades.

La educación es una herramienta poderosa para el empoderamiento, ya que nos proporciona el conocimiento y las habilidades necesarias para tomar decisiones informadas. Contar con una red de personas que nos apoyen y nos impulsen es crucial para sentirse empoderado y para alcanzar nuestras metas. Una mujer que recibe educación en liderazgo y tiene acceso a mentores puede sentirse empoderada para asumir roles de liderazgo en su organización.

Generalmente la persona empoderada es creativa, posee cualidades de liderazgo, se enfrenta con decisión a los miedos del fracaso, ya que aprende de los errores, asumen el riesgo y ve oportunidades donde los demás ven problemas.

La mente empoderada comprende los riesgos de sus acciones, acepta los cambios así como la incertidumbre de la realidad. Creo que nos ilustra muy bien, la mentalidad que debe tener todo aquel que está buscando un cambio importante por obtener una mejor calidad de vida.

El empoderamiento no es un estado que se alcanza de la noche a la mañana; es un proceso continuo que requiere esfuerzo consciente y la superación de barreras internas y externas. Adquirir y perfeccionar habilidades específicas que son necesarias para alcanzar nuestras metas es un paso esencial en el proceso de empoderamiento. El miedo al fracaso o al rechazo puede ser una barrera significativa para el empoderamiento. Aprender a enfrentar y superar estos miedos es crucial.

Cualquier cosa que la mente pueda concebir y creer, la mente lo puede lograr.
Napoleon Hill
Escritor y autor de Piense y hágase rico.

Gus Dimas

Ideas para el desarrollo de un negocio feliz

Fijar metas claras y alcanzables proporciona dirección y propósito, lo que fortalece el sentido de empoderamiento. Alguien que desea sentirse empoderado en su vida profesional puede establecer la meta de adquirir una nueva certificación o mejorar sus habilidades de presentación.

Una vez alcanzado, el empoderamiento debe ser mantenido a través de la práctica constante y la reflexión continua. Continuar desafiándose a uno mismo y tomando decisiones audaces ayuda a mantener la confianza en las propias capacidades. Reflexionar regularmente sobre los logros y los desafíos enfrentados ayuda a identificar áreas de mejora y a reforzar el sentido de empoderamiento.

A continuación, te ofrezco algunos consejos para que te apoyes y desarrolles una mentalidad empoderada.

- **Se alegre y piensa positivo.** Nada es tan poderoso, como siempre tener en tu rostro una buena sonrisa. Cuando pensamos positivo, aumentamos la oportunidad de concretar nuestros objetivos, ya sean personales o profesionales. Más que un hábito, el pensamiento positivo es una postura activa y consciente ante las adversidades. En pocas palabras, el pensamiento positivo hace que busquemos la solución en lugar de permanecer estancados en el problema.

- **Ten presente siempre tu sueño.** Una buena práctica que debes tener, es saber qué quieres y para ello te recomiendo que escribas en tu cuaderno, tus metas. Este pequeño ejercicio, nos mantendrá conectados con lo que queremos y será más fácil lograrlo, ya que siempre estaremos trabajando en consecuencia. Debe ser clara tu intención.

- **Descansa lo necesario.** Una buena técnica para reprogramar nuestra mente empoderada, es dormir lo que nuestro cuerpo demanda, por lo que 7 a 8 horas serán adecuadas. La calidad de nuestro sueño está íntimamente ligada a nuestro

Gus Dimas

rendimiento, en este caso profesional. Se dice que las personas que respetan no solo el tiempo ideal del sueño, sino el horario adecuado para ir a la cama, tienden a tener más disposición durante el día a día. Y no solo eso, se dice que también la creatividad humana, el poder de concentración se eleva y la felicidad se mantiene de forma regular.

- **Ten un mentor.** En la actualidad, ya es muy fácil seguir por medio de las redes sociales a personas que ya lograron lo que tú buscas. Mantén contacto con personas que son referencia en tu área de actuación. Crecer con la ayuda de quien ya lo logró, no es un error, sino una muy buena estrategia que forma parte de una mentalidad empoderada.

- **Aprende algo nuevo todos los días.** No todos los conocimientos existentes en el mundo, demandan años para ser adquiridos. Hay miles de habilidades y técnicas que se pueden dominar en el día a día. Te invito a dejar de ver por algunos minutos la televisión y los inviertas en desarrollar una nueva habilidad.

- **Evita los ambientes negativos.** Nuestra mente recibe constantemente la influencia del medio en el que estamos inmersos. Para que podamos reprogramar nuestro cerebro, con la finalidad de desarrollar una mentalidad empoderada, es importante evitar al máximo tanto los ambientes como las personas tóxicas. Cuando más estemos rodeados de personas positivas, que compartan los mismos objetivos que nosotros, mejor será nuestro comportamiento. Cuando estamos en un ambiente positivo, crecemos en diferentes ámbitos, no solo en lo profesional, sino en la familia, en las amistades y en lo social.

- **Aprende a meditar.** La meditación nos ayuda a alcanzar estados más elevados de espíritu, así como a encontrar en nosotros la fuente de la vida y a desarrollar habilidades únicas. Una persona empoderada que utiliza la práctica de la

161

meditación todos los días, se ve beneficiado con tener una mayor energía y disposición para realizar cualquier actividad. Disminuye sus niveles de estrés y ansiedad y eleva su concentración y creatividad.

- **Escucha canciones estimulantes o mantras.** La música puede estimular el cuerpo, que responderá a estos estímulos con más disposición y ánimo a la hora de realizar ciertas actividades. Hay una inmensa lista de reproducción ya preparadas para este propósito, que nos ayudará no solo a silenciar el ruido, sino también a estimular la concentración.

Quiero compartir también, una fórmula de Víctor Kuppers, que habla sobre la importancia de crear valor en la mentalidad de uno.

$$\text{Valor} = (\text{Conocimiento} + \text{Habilidad}) \times \text{Actitud}$$

Donde nos trata de decir, que los conocimientos y las habilidades son muy importantes, pero teniendo una buena actitud, hará que multiplique nuestros resultados.

Deja de vivir cumpliendo con ciertas reglas que te han impuesto, deja de vivir en la limitación y sal a buscar tu plena libertad en todo lo extenso de la palabra. Los límites los debes de fijar tú y ya es momento de empezar a vivir como anhelas, por lo que te invito a que desde hoy empieces a llevar a tu mente, qué es lo que quieres para ti, cómo deseas vivir y hasta dónde quieres llegar. Ya que para ser Director o Empresario, lo primero que debes hacer es cambiar la mentalidad que rige en ti y adoptar tu nueva realidad, empodérate y descubre quién eres.

Otro de los beneficios de empoderar la mente, es que cuando tienes alguna clase de problema, no vas a permitir que te intimide, tu mente estará ya preparada para confrontar cualquier situación y en automático estará buscando respuesta a ello.

Una mente empoderada, estará buscando atraer a las personas que estén en su misma frecuencia y alejará a las personas que insistan vivir con limitaciones o de pensamientos tóxicos.

El empoderamiento es esencial para el liderazgo. Los líderes empoderados son capaces de inspirar y motivar a otros, creando un ambiente de trabajo positivo y dinámico.

Las personas empoderadas suelen ser más productivas y eficientes porque están motivadas y tienen la confianza para actuar de manera decisiva.

En el ámbito profesional, el empoderamiento puede conducir a un mayor éxito, satisfacción y crecimiento. Un profesional empoderado puede asumir un proyecto complejo con confianza, liderar un equipo de manera efectiva y buscar activamente nuevas oportunidades de desarrollo.

Si no puedes hacer grandes cosas,

Haz pequeñas cosas a lo grande.

Napoleon Hill.

Autor de Piense y hágase rico.

163

Ideas para el desarrollo de un negocio feliz

Notas a considerar:

- El empoderamiento es el proceso por el cual las personas adquieren la confianza, habilidades y poder necesarios para tomar el control de sus vidas y realizar cambios significativos.

- El primer paso hacia el empoderamiento es el autoconocimiento. Conocerse a uno mismo implica ser consciente de las propias fortalezas, debilidades, valores, y metas.

- Elimina los malos hábitos de tu cotidianidad y reprograma tu cerebro para desarrollar una mentalidad empoderada.

- La persona empoderada es alguien decidido y con seguridad de sí mismo, no se rinde con facilidad y está dispuesto a sacrificarse para conseguir sus objetivos.

- El empoderamiento no solo se trata de la mentalidad, sino también del acceso a los recursos y oportunidades necesarios para actuar. Esto incluye educación, información, redes de apoyo, y habilidades.

- La mentalidad empoderada será lo más importante a desarrollar en este proceso que estás iniciando. Por lo que es de suma importancia rodearte de personas positivas que estén en tu misma frecuencia.

Gus Dimas

Tabla 13. ¿Por qué fue importante estar en un círculo de personas positivas?

Este espacio, es para que describas brevemente, cómo trabajaras tu mentalidad empoderada.

Haz una lista de mentores y personas que te inspiren.
¿Por qué elegiste tener estos mentores? ¿Qué van a aportar en tu desarrollo?

Ideas para el desarrollo de un negocio feliz

Gus Dimas

Idea 6 Disfruta el viaje

"No permitas que nadie diga que eres incapaz de hacer algo,
ni siquiera yo. Si tienes un sueño, debes conservarlo.
Si quieres algo, sal a buscarlo y punto.
La gente que no logra conseguir sus sueños, suele decirles
a los demás, que tampoco cumplirán los suyos".

**Breve fragmento de la película
En busca de la felicidad.**

167

Gus Dimas

Ideas para el desarrollo de un negocio feliz

Camino de la felicidad

Nos hemos empeñado en que debemos ir tras el éxito financiero cuando emprendemos, como si fuera el único resultado posible por satisfacernos. Y no quiero decir que no llegaremos a ello, sin embargo muchas veces esto puede ser lo que nos impida movernos al momento de tomar una decisión, ya que hemos escuchado que algunas personas fracasan, no prosperan o no son constantes sus ingresos una vez que se ponen en acción.

Es por ello importante, que primero debemos saber realmente en qué consiste la felicidad para que esto no sea una de las causas de sufrimiento al momento de emprender un cambio en nuestra vida.

Nos han hecho creer que la felicidad, es un estado de ánimo, donde las personas se sienten plenamente satisfechas por haber logrado algo que desean. Por lo que dejamos que empiece a trabajar nuestra mente poderosa y asociamos que solamente logrando lo anhelado podremos conseguir llegar a ese estado de ánimo.

A continuación comparto algunos pensamientos de filósofos con respecto a lo que para ellos es felicidad y nos permitirá llegar a la conclusión, que pase lo que pase, sin importar el resultado de nuestro proyecto de vida que hemos emprendido, nosotros somos de gran valor y hemos dado el mayor de los pasos hacia la felicidad y esto, no tiene precio.

Gus Dimas

Ideas para el desarrollo de un negocio feliz

Para Aristóteles, la felicidad depende de nosotros mismos, de la autorrealización, de alcanzar las metas que cada uno se propone. Por lo que para unos, ser feliz es ganar dinero, para otros es recibir el reconocimiento de los demás y quizá para otros sea viajar. Cabe señalar, que cada uno posee el secreto de su propia felicidad, por lo que es muy importante conocerse bien uno mismo.

Buda a su vez, nos dice que la felicidad es el camino, ya que no hay un camino para encontrarla. Él nos dice que todo lo que aporta la felicidad, es lo que hacemos para conseguir lo que anhelamos y esto puede ser todas aquellas experiencias enriquecedoras que viviremos en el camino hacia nuestro desarrollo personal.

Para Henry David Thoreau, la felicidad no se debe perseguir, ya que cuanto más la persigues, más te eludirá. Pero si vuelves tu atención a otras cosas, vendrá y suavemente se posará en ti. En ocasiones, es tanto nuestro anhelo por conseguir algo, que estamos pensando constantemente en ello y sin querer alejamos o saboteamos ese sueño.

Para el filósofo Alemán Immanuel Kant, la felicidad no depende del destino ni de los demás, sino de uno mismo, de la persona, es decir, de su propio comportamiento, de lo que haga y sobretodo de su carácter. Al igual que Aristóteles, para Kant la felicidad depende de nosotros mismos y de lo que podamos hacer para conseguirla.

El precio del éxito, es trabajar duro y la determinación de que, sin importar si perdiste o ganaste, diste lo mejor de ti mismo en el proyecto.
Vince Lombardi.
Entrenador de futbol americano.

Gus Dimas

Ideas para el desarrollo de un negocio feliz

Para Sigmund Freud la felicidad, es el resultado de satisfacer las necesidades acumuladas, que han alcanzado un elevado nivel de tensión. En este caso, si nuestro deseo real es querer emprender algún proyecto de negocio, debemos hacer todo lo posible por llevarlo a cabo, de lo contrario, se puede llegar al sufrimiento constante.

En el caso de Jorge Bucay, nos dice que la felicidad es estar en la dirección correcta o el camino correcto y no se relaciona con llegar a ningún lado o con ser capaz de conseguir algo que otros no han logrado. Por lo que una vez que estemos decididos a emprender un cambio en nuestra vida, tomemos la decisión y trabajemos en consecuencia de ello, lo que nos permitirá estar en el camino correcto.

Muchos son los conceptos, sin embargo algo de los más sobresalientes es que el esfuerzo es la clave de la felicidad, ya que para conseguir las cosas que se desean alcanzar, se necesita de muchos factores que hay que tener en cuenta a la hora de emprender el sueño y empezar a trabajar en él como, persistencia, actitud, dedicación, entrenamiento y disciplina.

- **Persistencia.** Vas a requerir de firmeza y constancia en el momento que tomes la decisión de emprender un negocio o de seguirte preparando para buscar un cambio de posición o de trabajo.

  La persistencia está considerada como un valor importante al momento de fijarnos un objetivo. Para algunas personas, la persistencia, es la actitud que nos ayuda a suplir la carencia de alguna habilidad y nos permite seguir intentando, independientemente del fracaso, ya que por lo regular, aprendemos de ellos.

  Muchos piensan que tener una gran formación académica o contar con un talento, tienen la garantía que será un éxito su proyecto de negocio. Sin embargo, te puedo asegurar que si no cuentan con persistencia, de nada les servirá contar con lo

171

anterior. No hay duda de que el trabajo duro supera al talento. Por ello te digo nuevamente que sin importar cuales sean tus capacidades, lo que importará más, es cómo te desempeñes.

Se dice que muchos tenemos la capacidad de iniciativa, sin embargo muy pocos terminan por llevar a cabo su plan o lo que se han propuesto lograr. Lo que quiero decir, es que somos muy buenos para iniciar con un propósito como el de hacer ejercicio, vamos nos inscribimos al gimnasio y al cabo de unos meses, ya declinamos. Queremos aprender algún otro idioma, nos inscribimos a una escuela de idiomas y cuántos terminan lográndolo y así como estos ejemplos, habrá otros más.

Por lo anterior, podemos darnos cuenta de lo importante que es contar con un valor como el de la persistencia, que gracias a ella logramos llegar a cumplir nuestros objetivos, convirtiéndose en nuestro aliento al éxito.

Solo quienes confían en sus capacidades y se inspiran a diario con los objetivos que anhelan, logran avanzar con éxito y firmeza. Esas personas logran alcanzar sus objetivos, porque decidieron tener la voluntad de seguir adelante día con día, con firmeza y con el carácter necesario para no dejarse vencer.

Estoy convencido que la mitad de lo que separa a los emprendedores exitosos de los que han fracasado, es la perseverancia.
Steve Jobs.
Cofundador de Apple.

Gus Dimas

Ideas para el desarrollo de un negocio feliz

- **Actitud.** La actitud forma parte de nuestra vida y de nuestro comportamiento. Este comportamiento, es aprendido y lo adquirimos en el transcurso de nuestra interacción social a través de los diferentes núcleos, ya sea en el hogar, laboral, escolar o social.

Así como son aprendidas en el transcurso de nuestra vida, las actitudes son susceptibles de modificación, pero esto no quiere decir, que todas tengan que ser modificadas, ya que muchas de ellas son estables y perduran en nosotros para toda la vida.

La actitud es la principal característica de todos aquellos que queremos desarrollar nuestros talentos en aras de alcanzar una mejor posición y tener mejor calidad de vida. Esta actitud es lo que nos va a diferenciar del resto de las personas, pues nos permite estar consciente en todo momento, de los retos a los que nos tenemos que enfrentar, así como los compromisos que debemos adquirir y aun así, estar dispuestos a seguir adelante en todo momento.

Para ello es necesario tener un comportamiento positivo a pesar de las diferentes circunstancias que se presenten. En el emprendimiento, se pasa por muchas situaciones que no son controlables por nosotros, por lo que la actitud, nos permitirá hacer frente a cada una de ellas. Recuerda que siempre teniendo una actitud positiva, nos permite percibir mejor las oportunidades de negocio que se nos presenten.

La actitud positiva es una decisión personal, es nuestra elección querer estar así y no debemos permitir que alguien llegue a sabotear nuestros sueños de crecimiento personal. Habrá muchas personas en el camino que nos digan que no se puede, que así no se hace, que cambiemos la forma de hacerlo, sin embargo pregúntate si ellos ya al menos lo intentaron.

Creer en nosotros mismos, es el primer paso en el camino del desarrollo personal, esto nos servirá para sacar nuestra mejor

173

versión como persona y nos mantendrá en un estado de seguridad y de empoderamiento. Seamos positivos, desarrollemos el hábito de pensar y hablar siempre en positivo. Que en nuestro alrededor, estén únicamente personas positivas, ya que la actitud positiva se contagia.

Si llegas a un punto en que al llegar a tu trabajo te dé alegría, estarás en otro nivel y tendrás una vida increíble. Ya que todo el tiempo te sentirás feliz y habrás alcanzado uno más de tus sueños.

- **Dedicación.** Futuro emprendedor, tendrás que trabajar con dedicación y esmero; como la mamá dedica toda su atención a su recién nacido, así tú tendrás que dedicar la atención necesaria a tu proyecto de negocio, éste requiere mucho tiempo dedicado, para que pueda salir adelante.

En esta nueva etapa de tu vida, te pido que pongas toda la dedicación, esfuerzo y mucho corazón para llevar a cabo tu proyecto de crecimiento personal. Solo así podrás sentir la satisfacción de haber puesto todo de tu parte, para el logro de tu objetivo.

Existen muchas personas que no se atreven a hacer un cambio en su vida e ir tras su sueño profesional por falta de tiempo, ya que esto te va a demandar que inviertas tiempo que antes ocupabas quizá para alguna diversión o para ver series de tv.

Si eres feliz, eso es probablemente lo más importante.

Quizá todos tengan su propia definición de éxito.

Para mí es la felicidad.

Disfruto mucho lo que estoy haciendo,

disfruto de la gente con la que estoy.

Michael Dell.
Fundador y CEO de Dell inc.

174

Gus Dimas

Ideas para el desarrollo de un negocio feliz

No es mi propósito desilusionarte, sin embargo todo proyecto importante de tu vida, te va a demandar de tiempo, pero créeme que va a ser tu mejor inversión.

Sabes que el tiempo corre y que aplazar tu crecimiento personal, es negar al genio que escondes dentro de ti. Te invito a que empieces hoy, que tomes la decisión y tengas el coraje de actuar en los límites de tus poderes.

Entrenamiento. Sin lugar a duda, vas a requerir de mucha preparación para ir perfeccionando tus habilidades en esta nueva actividad que emprendas.

Apóyate en un proceso para establecer actividades que te permitan desarrollar de la forma más adecuada las circunstancias que se te vayan presentando.

Muy importante que al momento de llenar las tablas de los ejercicios que te propongo, seas muy cuidadoso con tus respuestas y trata que éstas realmente vengan de tu corazón, solo así tendrás una clara convicción de para qué estás preparado y en qué lo podrás poner al servicio de los demás.

El secreto de la felicidad es simple:
Averigua qué es lo que te gusta hacer
y dirige todas tus energías hacia ello.
Haciendo esto, la abundancia iluminará
tu vida y todos tus deseos se cumplirán.
Robin Sharma.
Autor, El monje que vendió su Ferrari.

Gus Dimas

- **Disciplina.** Sin lugar a duda, tendrás que tener una capacidad para poner en práctica, ciertos principios relacionados con el orden y la constancia, si es que quieres obtener buenos resultados en lo que emprendas.

  Es gracias a la disciplina que los emprendedores pueden actuar de forma determinante hasta lograr sus propósitos, metas y objetivos. Nos permitirá también, formar buenos hábitos y establecer los lineamientos personales, que nos marquen las directrices para alcanzar un ideal.

  Los profesionistas que tienen el valor de la disciplina, son aquellos que cumplen con sus obligaciones y no solo eso, sino hacen más de lo esperado, al grado de sacar adelante su proyecto y todo aquello en lo que ha empeñado su palabra. Será necesario contar con auto exigencia, esto es, que tendrá que desarrollar la capacidad de pedirse así mismo un esfuerzo extra, para hacer las cosas de la mejor manera posible, según el plan trazado.

  Debes controlar también aquellos impulsos que nos apartan de nuestros objetivos y que nos inclinan o nos llaman al goce de placeres inmediatos.

  La disciplina se convierte entonces, en una virtud moral asociada a la capacidad para llevar una vida ordenada en relación con nuestros principios, deberes y objetivos al momento de decidirnos a emprender. Será la encargada de darnos un lineamiento y un patrón de conducta, mismos que nos ayudarán a no distanciarnos por ningún motivo de nuestro foco de atención.

  Se dice que detrás de cada historia de éxito, siempre hay muchos años de esfuerzo y sacrificio. Y sin lugar a duda, esto no sería posible si uno no tuviera el hábito de la disciplina, que si no cuentas con ella, tendrás que exigirte y desarrollarla.

176

Ideas para el desarrollo de un negocio feliz

Ir tras su sueño personal no es fácil y más cuando no se tiene claro por qué serlo o algo que te motive con gran intensidad, tendrás que apoyarte mucho en este valor para sacar a flote el proyecto que te has propuesto y en la medida que veas tu avance, te llenarás de esa energía que una vez que inicias, no te permite detener.

Imagina por un momento la guardia que se realiza en la monarquía inglesa. Te darás cuenta que la llevan a cabo personal capacitado, pero sobretodo disciplinado, que es el elemento fundamental que los ha hecho famosos en todo el mundo, muy difícilmente se permiten alguna distracción.

Por tal motivo, te invito a que en este proceso de crecimiento, no te permitas hacer algo que te llegue a distraer. Debes de mantener con convicción una fuerza de voluntad para hacer de este momento, una prioridad en tu vida, si es que quieres que sea exitoso este cambio que emprendas, por tal tendrás que pagar este precio.

Vivir plenamente en el desarrollo personal implica más que simplemente alcanzar metas y mejorar habilidades; es un compromiso continuo con el crecimiento, la autoexploración y la realización de nuestro potencial más elevado.

Vivir plenamente se refiere a experimentar la vida con un sentido de totalidad, satisfacción y propósito. Es la capacidad de estar presente en cada momento, de apreciar tanto los desafíos como las alegrías, y de actuar en alineación con nuestros valores y deseos más profundos.

Tener un sentido claro de propósito da dirección y significado a nuestras acciones, permitiéndonos vivir con intención y dirección. Una persona que vive plenamente puede disfrutar de una comida sencilla con gratitud, reconociendo el placer del momento sin preocuparse por lo que viene después.

177

Gus Dimas

Ideas para el desarrollo de un negocio feliz

El desarrollo personal es el proceso a través del cual mejoramos continuamente nuestras habilidades, conocimientos, y comprensión de nosotros mismos. Este crecimiento constante es esencial para vivir plenamente, ya que nos permite adaptarnos, aprender y evolucionar.

La disposición a aprender y crecer a lo largo de la vida es clave para mantenerse comprometido con el desarrollo personal. Esto incluye aprender de nuestras experiencias, tanto positivas como negativas.

Vivir plenamente en el desarrollo personal es un compromiso continuo con el crecimiento, la autenticidad y el bienestar integral. Al cultivar la presencia, establecer metas significativas, practicar la gratitud, y fomentar relaciones saludables, podemos crear una vida rica y satisfactoria. Aunque existen obstáculos como el miedo, las creencias limitantes y la falta de equilibrio, con las estrategias adecuadas, es posible superarlos y vivir de manera plena y consciente.

Al final, vivir plenamente en busca de nuestro desarrollo personal y por ende la felicidad, es un viaje continuo, en el que cada paso hacia adelante nos acerca más a la realización de nuestro máximo potencial.

Hay muchas cosas que contribuyen a crear el éxito. No me gusta hacer solo las cosas que me gusta hacer. Me gusta hacer cosas que hagan que la empresa tenga éxito. No paso mucho tiempo haciendo mis actividades favoritas.
**Mark Zuckerberg.
Fundador y CEO de Facebook.**

178

Gus Dimas

Ideas para el desarrollo de un negocio feliz

Notas a considerar:

- La felicidad depende de ti, de la autorrealización y de alcanzar las metas que te propones.

- Pase lo que pase, eres de gran valor y has dado el mayor de los pasos hacia la felicidad.

- El esfuerzo es la clave de la felicidad.

- Solo quienes confían en sus capacidades y se inspiran a diario con los objetivos que anhelan, lograr avanzar con éxito y firmeza.

- Creer en ti mismo, es el primer paso en el camino del desarrollo personal.

- Se dice que detrás de cada historia de éxito, siempre hay muchos años de esfuerzo y sacrificio.

- Vivir plenamente en el desarrollo personal implica más que simplemente alcanzar metas y mejorar habilidades; es un compromiso continuo con el crecimiento, la autoexploración y la realización de nuestro potencial más elevado.

Gus Dimas

Tabla 14. **¿Por qué desarrollar mis valores que ayudarán a encontrar mi camino a la felicidad?**

Este espacio, es para que describas brevemente, cómo te entrenarás al camino de la felicidad.

Me comprometo a llevar a cabo las siguientes actividades, así tenga que cambiar algunos aspectos de mi vida, ya que estoy consciente de que son en favor de mi futuro.

Gus Dimas

Idea 7 Control Emocional

Hay una materia pensadora de lo cual todas las cosas están
hechas y que, en su estado original, impregna, penetra,
y llena los interespacios del universo.
Un pensamiento, en esta sustancia, produce
la cosa que es imaginada por el pensamiento.

Wallace D. Wattles
La ciencia de hacerse rico

181

Gus Dimas

Ideas para el desarrollo de un negocio feliz

Gus Dimas

Inteligencia Emocional

Es de nuestro conocimiento que la correcta gestión de las emociones, es la clave para tener una vida plena, tanto en el ámbito personal, social y profesional. La inteligencia emocional (IE) es una habilidad esencial en la vida moderna, que nos permite comprender y gestionar nuestras emociones, así como las emociones de los demás. A menudo se asocia con el éxito personal y profesional, ya que influye en nuestra capacidad para tomar decisiones, relacionarnos con los demás y manejar el estrés.

Este capítulo explorará en profundidad qué es la inteligencia emocional, sus componentes, cómo desarrollarla, y su impacto en diferentes áreas de la vida.

La inteligencia emocional se refiere a la capacidad de identificar, comprender y gestionar nuestras propias emociones, así como las emociones de los demás. Introducido por primera vez por Daniel Goleman, el concepto de IE va más allá del cociente intelectual (CI) tradicional, enfatizando que el éxito en la vida no depende únicamente de la inteligencia cognitiva, sino también de cómo manejamos nuestras emociones y las de los demás.

Debemos de ser capaz de reconocer y etiquetar las emociones que estamos experimentando, lo cual es fundamental para manejarlas de manera efectiva. Implica no solo reconocer nuestras emociones, sino también entender las causas y los efectos de las mismas.

183

Gus Dimas

La gestión emocional es la habilidad de regular y controlar nuestras emociones, en lugar de ser controlados por ellas. Alguien con alta inteligencia emocional puede sentir enojo durante una discusión, pero en lugar de explotar, utiliza técnicas para calmarse y expresar su punto de vista de manera asertiva.

Componentes de la Inteligencia Emocional:

La autoconciencia es el primer componente de la inteligencia emocional. Implica ser consciente de nuestras emociones en el momento en que ocurren y comprender cómo afectan nuestros pensamientos y comportamientos. La autoconciencia es la base sobre la cual se construyen los otros componentes de la IE. Implica una profunda comprensión de nuestras fortalezas, debilidades y patrones emocionales. Una persona que es consciente de su tendencia a sentirse ansiosa en situaciones sociales puede prepararse mejor y adoptar estrategias para manejar su ansiedad. Tomar unos minutos al final de cada día para reflexionar sobre las emociones que experimentaste y cómo las manejaste puede mejorar tu autoconciencia.

La autorregulación se refiere a la capacidad de gestionar nuestras emociones de manera constructiva. No se trata de reprimir las emociones, sino de controlarlas y canalizarlas de manera que no nos dominen o nos lleven a actuar de forma impulsiva. Mantener nuestras emociones bajo control, especialmente en situaciones estresantes y tener la capacidad de ajustarse a nuevas circunstancias o cambios, manteniendo el equilibrio emocional.

La inteligencia emocional comienza cuando dejamos de reaccionar emocionalmente y empezamos a responder de manera reflexiva.
Daniel Goleman
La Inteligencia Emocional

Ideas para el desarrollo de un negocio feliz

Alguien que practica la autorregulación puede enfrentar una situación de alta presión en el trabajo sin perder la calma, lo que le permite tomar decisiones más racionales. Practicar la respiración profunda antes de responder a una situación estresante, puede evitar una reacción impulsiva.

La motivación en el contexto de la inteligencia emocional se refiere a la capacidad de canalizar las emociones para alcanzar metas. Las personas emocionalmente inteligentes están impulsadas por una motivación interna, que va más allá de recompensas externas. Mantener una actitud positiva y centrada en las soluciones, facilita la superación de obstáculos.

La empatía es la capacidad de comprender y compartir los sentimientos de los demás. Es un componente clave de la inteligencia emocional, ya que nos permite conectar de manera auténtica con los demás y responder a sus necesidades emocionales. Un líder empático puede detectar cuando un miembro de su equipo está desmotivado y ofrecerle apoyo, lo que mejora el ambiente de trabajo y la productividad. La empatía se puede desarrollar practicando la escucha activa y esforzándote por ver las situaciones desde la perspectiva de los demás.

Las habilidades sociales se refieren a la capacidad de interactuar eficazmente con los demás. Esto incluye la comunicación, la gestión de conflictos y la construcción de relaciones positivas. Las personas con alta inteligencia emocional son hábiles en la gestión de sus relaciones, tanto personales como profesionales. Alguien con buenas habilidades sociales puede manejar y resolver desacuerdos de manera constructiva, sin recurrir a la confrontación, logrando una solución que satisfaga a todas las partes involucradas. Para mejorar las habilidades sociales, es útil practicar la comunicación efectiva y trabajar en la construcción de relaciones.

La inteligencia emocional tiene un impacto profundo en nuestra vida personal. Nos ayuda a construir relaciones más saludables, gestionar el estrés y enfrentar los desafíos de manera más efectiva.

185

Gus Dimas

Ideas para el desarrollo de un negocio feliz

En el trabajo, la inteligencia emocional es clave para el éxito. Influye en nuestra capacidad para liderar, colaborar y tomar decisiones efectivas. Los líderes emocionalmente inteligentes son capaces de inspirar y motivar a sus equipos, creando un ambiente de trabajo positivo y productivo.

La inteligencia emocional también influye en la toma de decisiones. Al comprender y gestionar nuestras emociones, podemos tomar decisiones más racionales y equilibradas. Las emociones juegan un papel en cómo evaluamos las consecuencias de nuestras decisiones, y la IE nos ayuda a hacer esto de manera más efectiva.

El viejo adagio, trata a los demás como quieres ser tratado, es destacado, sin embargo es más preciso el lema: trata a los demás como quieren ser tratados. Recuerda que todos interpretamos las acciones de diferente manera y quizá lo que para mí no sea tan importante, para la otra persona si lo pueda ser.

Empresas importantes, presupuestan grandes cantidades para conocer a sus clientes y consumidores, sin embargo no tienes que preocuparte de ello, te recomiendo en este caso, tener una cercanía con ellos, lo que te permitirá tener de primera mano, sus gustos y preferencias de consumo y generar una relación más estrecha que los lleve a tener un vínculo de beneficios para ambos.

Entre el estímulo y la respuesta hay un espacio.
En ese espacio está nuestro poder para elegir nuestra respuesta.
En nuestra respuesta yace nuestro crecimiento
y nuestra libertad.
Viktor Frankl
El hombre en busca de sentido

186

Gus Dimas

Ideas para el desarrollo de un negocio feliz

Notas a considerar:

- La inteligencia emocional se refiere a la capacidad de identificar, comprender y gestionar nuestras propias emociones, así como las emociones de los demás.

- La gestión emocional es la habilidad de regular y controlar nuestras emociones, en lugar de ser controlados por ellas.

- Los componentes de la inteligencia emocional son: la autoconciencia, el autorregulación, la motivación, la empatía y las habilidades sociales.

- Influye en nuestra capacidad para liderar, colaborar y tomar decisiones efectivas.

- Trata a las personas como ellas quieren ser tratadas.

- Las emociones juegan un papel en cómo evaluamos las consecuencias de nuestras decisiones, y la IE nos ayuda a hacer esto de manera más efectiva.

Gus Dimas

Tabla 15. **¿Por qué es importante el control de mis emociones?**

Este espacio, es para que describas brevemente, en qué situaciones te has encontrado que te hayan generado estrés y cómo las resolviste.

El tener definidas tus emociones, te permitirá realizar un proceso que te ayude a resolver situaciones que anteriormente fueron incómodas.

188

Vínculo Comercial

En el mundo empresarial, el éxito no solo depende de tener un producto o servicio de calidad, sino también de la capacidad para crear y mantener vínculos comerciales sólidos. Estos vínculos no solo permiten generar negocios, sino que también son esenciales para la sostenibilidad a largo plazo de cualquier empresa.

Un vínculo comercial es una relación estratégica entre dos o más partes con el objetivo de lograr beneficios mutuos a través del intercambio de productos, servicios o conocimientos. Este tipo de relación se basa en la confianza, la comunicación y la colaboración.

- **La confianza** es la base de cualquier relación comercial exitosa. Sin confianza, las partes involucradas serán reacias a compartir información o recursos, lo que limitará las oportunidades de negocio.

- **La comunicación** clara y constante es esencial para mantener un vínculo comercial fuerte. Esto incluye la negociación, la resolución de conflictos y el intercambio de información relevante.

- **El compromiso** mutuo asegura que ambas partes trabajen hacia un objetivo común, lo que fortalece la relación y aumenta las posibilidades de éxito.

189

Gus Dimas

Ideas para el desarrollo de un negocio feliz

Los vínculos comerciales son cruciales para la generación de negocios, ya que proporcionan una red de apoyo y recursos que permiten a las empresas crecer y expandirse. Además, estos vínculos facilitan el acceso a nuevos mercados, clientes y oportunidades de negocio. Por lo que será muy importante que aprendas a relacionarte muy bien con las personas que consideras importante en la organización o con tus posibles clientes.

A través de generar un vínculos comerciales, puedes acceder a recursos y conocimientos que no tendrías de otra manera. Esto incluye tecnología, información de mercado y capacidades operativas. Los vínculos comerciales permiten a las empresas ser más competitivas al ofrecer productos o servicios más atractivos y adaptados a las necesidades del mercado. Un vínculo comercial fuerte proporciona estabilidad a largo plazo, ya que las empresas pueden confiar en sus socios para mantenerse a flote durante tiempos difíciles.

Establecer y fortalecer vínculos comerciales requiere una combinación de estrategias que se centran en la construcción de relaciones de confianza y la creación de valor mutuo. A continuación, te describo algunas de las estrategias que considero más efectivas.

Antes de establecer un vínculo comercial, es esencial conocer el mercado y las necesidades del socio potencial. Esto implica realizar investigaciones de mercado, comprender las tendencias y analizar las fortalezas y debilidades de ambas partes.

Veamos a nuestros clientes, como los invitados de una fiesta, en la que nosotros somos los anfitriones. Nuestro trabajo es hacer que la experiencia del cliente, sea un poco mejor cada día.

Jeff Bezos.
Fundador y CEO de Amazon.

Ideas para el desarrollo de un negocio feliz

Comprender el entorno competitivo, las demandas de los consumidores y las oportunidades de negocio es fundamental para identificar socios comerciales adecuados. Conocer las necesidades y objetivos de tus socios potenciales te permite ofrecerles soluciones que realmente les aporten valor.

La confianza es el pilar de cualquier relación comercial exitosa. Para construirla, es importante ser transparente, cumplir con los compromisos y mostrar integridad en todas las interacciones. Compartir información de manera abierta y honesta fortalece la relación y genera confianza mutua. Así como cumplir con los compromisos acordados, ya sea en términos de entrega de productos o pagos, refuerza la credibilidad.

Colaborar en proyectos conjuntos es una forma efectiva de fortalecer los vínculos comerciales. Al trabajar juntos en un objetivo común, las empresas pueden compartir conocimientos, recursos y riesgos. Las campañas de marketing compartidas permiten a las empresas aprovechar las fortalezas de cada una para llegar a una audiencia más amplia.

La negociación efectiva y la capacidad para resolver conflictos de manera constructiva son esenciales para mantener vínculos comerciales saludables. Buscar acuerdos en los que ambas partes se beneficien aumenta la satisfacción y refuerza la relación. Es decir siempre debemos buscar el ganar – ganar, que ambas partes se beneficien y no solo una.

Una vez establecidos los vínculos comerciales, es crucial aprovecharlos para generar nuevos negocios. Esto implica identificar oportunidades, expandir el alcance y capitalizar las sinergias creadas por las relaciones comerciales.

Los vínculos comerciales pueden abrir puertas a nuevos mercados geográficos o segmentos de clientes. Al aprovechar la red de contactos y la influencia de tus socios comerciales, puedes expandir tu alcance de manera más rápida y eficiente.

Gus Dimas

Ideas para el desarrollo de un negocio feliz

La colaboración con socios comerciales también puede impulsar la innovación y el desarrollo de nuevos productos. Al combinar conocimientos y recursos, las empresas pueden crear soluciones más avanzadas y adaptadas a las necesidades del mercado.

Los vínculos comerciales también pueden mejorar la eficiencia operativa al optimizar la cadena de suministro. Esto incluye la reducción de costes, la mejora de la calidad y la garantía de una entrega oportuna.

Starbucks formó una alianza estratégica con PepsiCo para distribuir sus bebidas embotelladas a nivel mundial. Este vínculo comercial permitió a Starbucks expandir su presencia en el mercado de bebidas listas para beber de manera más rápida y eficiente.

Tesla y Panasonic han trabajado juntos en el desarrollo de baterías avanzadas para vehículos eléctricos. Esta colaboración ha sido clave para el éxito de Tesla en el mercado automotriz.

Apóyate en las redes sociales, son un excelente medio para generar relaciones comerciales de la manera más sencilla y llegar a millones de personas que antes ni siquiera podías imaginar. Solo basta con saber qué personas o empresas te interesan, sus gustos y preferencias y listo. En última instancia, el éxito en los negocios no solo depende de lo que haces, sino de con quién lo haces.

Los negocios no se tratan de hacer transacciones,
se tratan de construir relaciones.
Al final del día, son las relaciones
las que hacen crecer una empresa.
Richard Branson
Presidente de Virgin Group

Gus Dimas

Ideas para el desarrollo de un negocio feliz

Notas a considerar:

- En el mundo empresarial, el éxito no solo depende de tener un producto o servicio de calidad, sino también de la capacidad para crear y mantener vínculos comerciales sólidos.

- Un vínculo comercial es una relación estratégica entre dos o más partes con el objetivo de lograr beneficios mutuos a través del intercambio de productos, servicios o conocimientos.

- Este tipo de relación se basa en la confianza, la comunicación y la colaboración.

- La confianza es el pilar de cualquier relación comercial exitosa.

- Los vínculos comerciales también pueden mejorar la eficiencia operativa al optimizar la cadena de suministro.

Gus Dimas

Tabla 15. **¿Por qué es importante generar vínculos comerciales?**

Este espacio, es para que describas brevemente, con quién te gustaría generar un vínculo comercial o relación de negocio.

Define en qué se basaría tu propuesta de valor o tu relación para generar un vínculo comercial a largo plazo.

Pasión: lo que me mueve

Buscar mi pasión es un tema poderoso y muy relevante en el ámbito del desarrollo personal. Encontrar nuestra pasión es uno de los desafíos más profundos y significativos que enfrentamos en la vida. No se trata solo de identificar lo que nos gusta hacer, sino de descubrir aquello que nos llena de energía, nos motiva y da sentido a nuestra existencia.

En este capítulo también vamos a explorar el proceso de búsqueda de la pasión, cómo reconocerla y cómo convertirla en una parte central de nuestra vida diaria. A través de la reflexión, el autoconocimiento y la acción, se puede encontrar un camino hacia una vida plena y satisfactoria.

La pasión es ese fuego interno que nos impulsa a perseguir lo que amamos. Es una fuerza que nos motiva a actuar, nos da energía para superar los obstáculos y nos permite experimentar la vida con intensidad y propósito. Es más que un simple interés o hobby; es una fuerza interna que nos impulsa a dedicar tiempo, energía y recursos a algo que nos hace sentir vivos. Es esa chispa que nos llena de entusiasmo y sentido. La pasión está íntimamente ligada a quiénes somos. A menudo, nuestras pasiones reflejan nuestros valores, creencias y deseos más profundos. Explorar cómo la pasión puede ayudar a descubrir y definir la identidad personal podría ser un punto clave.

Gus Dimas

Ideas para el desarrollo de un negocio feliz

La búsqueda de la pasión no es un camino lineal. Requiere tiempo, introspección y a menudo, la disposición para probar cosas nuevas y salir de nuestra zona de confort. Este viaje de autodescubrimiento es fundamental para encontrar lo que realmente nos mueve.

Cuando una persona encuentra su pasión, experimenta un sentido renovado de vitalidad y bienestar. Encontrar y seguir una pasión puede llevar a una carrera más satisfactoria.

La pasión puede ser un ancla en tiempos difíciles, ofreciendo motivación y persistencia cuando todo parece estar en contra.

Es importante que tengas presente la diferencia que existe entre pasión y propósito, por lo que la abordaremos de la siguiente manera: el propósito es la dirección a largo plazo en la vida, la pasión es lo que enciende la llama en el camino. Explorar la interrelación entre estos conceptos puede ayudarte a ver cómo una pasión puede contribuir a un propósito mayor.

Muchas personas también confunden la pasión con el interés y el talento, por lo que me gustaría aclarar la diferencia que hay entre éstos. El talento es una habilidad innata o desarrollada en un área específica, pero no siempre coincide con la pasión. Por lo que el interés, es una atracción hacia un tema o actividad, pero no necesariamente implica la misma profundidad emocional que la pasión. Por tanto la pasión, es el impulso emocional que te motiva a seguir una actividad, un sueño o una meta, incluso cuando no es fácil.

No hay pasión en conformarse con una vida que
es menos de la que eres capaz de vivir.
Nelson Mandela
Activista social y ex presidente de Sudáfrica

Gus Dimas

Ideas para el desarrollo de un negocio feliz

El primer paso para encontrar tu pasión es explorar diferentes intereses. Esto implica abrirte a nuevas experiencias, actividades y temas que te atraigan, incluso si no tienes experiencia previa en ellos.

Participar en nuevas actividades, desde deportes hasta artes o voluntariado, puede ayudarte a descubrir lo que realmente te apasiona. Haz una lista de las actividades o temas que siempre han capturado tu interés. Pregúntate si alguna de ellas podría ser una pasión latente.

Las emociones son guías poderosas en la búsqueda de la pasión. Presta atención a cómo te sientes cuando participas en diferentes actividades. La emoción, el entusiasmo y la sensación de plenitud son señales claras de que estás en el camino correcto. ¿Qué actividades te hacen sentir emocionado y lleno de energía? Estas son señales de que podrías estar en el camino hacia tu pasión.

Si una actividad te hace sentir completo y realizado, es una fuerte indicación de que has encontrado algo significativo. Una persona que se siente energizada y feliz después de enseñar podría tener una pasión por la educación.

El camino hacia la pasión no es siempre claro ni directo. Aceptar la incertidumbre y estar dispuesto a cometer errores es parte del proceso. Es posible que tengas que probar varias cosas antes de encontrar lo que realmente te apasiona.

No tengas miedo de cambiar de dirección si algo no se siente bien. Cada experiencia es una oportunidad para aprender más sobre ti mismo. Los errores y fracasos no son obstáculos, sino lecciones que te acercan a tu verdadera pasión.

Una vez que has identificado tu pasión, el siguiente paso es integrarla en tu vida diaria. Esto puede significar convertirla en una carrera, un proyecto paralelo o simplemente una actividad regular que te brinde alegría y propósito.

Gus Dimas

Ideas para el desarrollo de un negocio feliz

Para aquellos que desean que su pasión sea el centro de su vida profesional, es importante encontrar maneras de monetizarla y construir una carrera alrededor de ella. Identifica cómo puedes ofrecer valor a través de tu pasión en el mercado laboral o emprendedor.

Si bien no todas las pasiones se convierten en una carrera, pueden ser una fuente de satisfacción fuera del trabajo. Mantener tu pasión como un proyecto paralelo te permite equilibrar tus responsabilidades mientras sigues lo que amas. Reserva tiempo cada semana para trabajar en tu pasión, ya sea arte, escritura, deportes o cualquier otra actividad.

A veces, la pasión no necesita ser una carrera o un proyecto paralelo. Simplemente puede ser una parte regular de tu vida que te brinde alegría y plenitud. Alguien que ama la música pero trabaja en un campo diferente puede tocar en una banda durante los fines de semana.

Encontrar tiempo para seguir tu pasión puede ser difícil, especialmente con las responsabilidades diarias. La clave está en la gestión del tiempo y en priorizar lo que realmente importa.

La búsqueda de la pasión es un viaje profundamente personal que puede llevarte a una vida más plena y satisfactoria. A través de la exploración, la reflexión y la acción, puedes descubrir lo que realmente te motiva y te llena de energía.

La pasión es energía.
Siente el poder que proviene de concentrarte
en lo que te entusiasma.
Oprah Winfrey
Gurú de los medios

Gus Dimas

Conclusiones

A lo largo de este viaje, hemos explorado los miedos que surgen al enfrentar cambios significativos en nuestra vida o al buscar un crecimiento profesional. Estos miedos, aunque naturales, no deben ser obstáculos permanentes en nuestro camino. Al contrario, son oportunidades disfrazadas que nos retan a salir de nuestra zona de confort y descubrir todo nuestro potencial.

El miedo al cambio es una señal de que estamos a punto de crecer, de evolucionar hacia una versión más plena y auténtica de nosotros mismos. Este sentimiento, lejos de ser un enemigo, es un recordatorio de que estamos vivos, que estamos aspirando a algo más grande, más significativo.

La clave para superar estos miedos radica en la acción. Al dar un paso adelante, aunque sea pequeño, comenzamos a disipar las sombras de la duda y la incertidumbre. Al tomar decisiones conscientes y comprometidas con nuestro bienestar y crecimiento, nos fortalecemos y nos acercamos a nuestras metas.

En este proceso, es fundamental recordar que el crecimiento personal y profesional no es una línea recta. Habrá desafíos, retrocesos y momentos de duda. Sin embargo, cada obstáculo superado nos prepara mejor para los retos futuros y nos acerca a la vida que realmente deseamos vivir.

Gus Dimas

Ideas para el desarrollo de un negocio feliz

Así, te invito a abrazar el cambio con valentía, a transformar el miedo en tu aliado y a confiar en tu capacidad para enfrentar cualquier desafío que se presente en tu camino. El miedo puede ser fuerte, pero tu determinación y deseo de crecer son aún más poderosos.

Si quieres triunfar y conseguir todos los resultados que te has propuesto, debes concebir el éxito como un proceso, un estilo de vida, un hábito mental o una estrategia permanente que requiere disciplina y carácter. Tener una estrategia clara, equivale a admitir que el talento y la ambición, por sobresalientes que sean, siempre necesitan encontrar un camino bien orientado.

Si quieres obtener resultados diferentes a los que has venido logrando en el pasado, te invito a distanciarte de todas las distracciones que has adoptado y desafiarte a ti mismo, a ponerte a prueba y que conviertas tu vida en algo especial.

Mi experiencia y estudios me han permitido estar convencido de que cuando uno aprende a dirigir sus pensamientos y a dominar su comportamiento, puede conseguir cuanto se proponga. Por lo que te digo que tienes en tus manos los recursos necesarios para asumir la dirección o el gobierno de tu vida. Tienes la capacidad de formar en tu mente en qué te quieres convertir y de producir los estados emocionales que te estarán conduciendo al éxito y la felicidad.

Al manejar y controlar nuestros pensamientos podemos hacer de nuestra vida algo más grande que todo lo que hubiéramos podido imaginar. El que sabe controlar su cerebro puede controlar sus reacciones ante la vida. No olvides que el éxito y la felicidad siempre se esconderán en la adversidad y la frustración, por lo que si llegas a superarlas, conseguirás cuanto te propongas.

El mayor riesgo en la vida es no correr ningún riesgo, ¿no crees? Me he dado cuenta que la vida a veces te manda situaciones perfectamente diseñadas para enseñarte las lecciones que más necesitas aprender para desarrollarte y crecer al siguiente nivel.

Gus Dimas

Ideas para el desarrollo de un negocio feliz

Asumir la responsabilidad es, en mi opinión, una de las medidas que mejor definen la madurez de una persona. A partir de ahora, tú serás el creador de tu vida tal como la deseas. Por lo regular, habías siempre llegado a tal punto, pero ahora vas a crear en tu mente una foto mental que te permita tener una realidad superior a cuanto hayas experimentado en el pasado.

Te invito a ir al umbral de los miedos que te encadenan, a explorar los límites que te atan y a fijarte en todas las heridas del pasado que ahora te detienen y a superarlo todo. Confía en ti mismo, y no olvides que el mayor crecimiento se encuentra justo al otro lado del miedo.

Finalmente, recuerda que no estás solo en este viaje. Muchos antes que tú han enfrentado estos mismos miedos y han emergido más fuertes, más sabios y más realizados. Tú también puedes hacerlo. Al emprender este camino, estás dando el primer paso hacia una vida llena de propósito, éxito y satisfacción.

Te deseo todo el éxito del mundo en ésta tu nueva realidad, recordando siempre que el emprender tu viaje, es con todo menos con miedo…

Gus Dimas

Gus Dimas

AGRADECIMIENTO

He aprendido que existen palabras poderosas y de las más importantes en la vida, son por favor y gracias. Con esto en mente, me gustaría mostrarles mi agradecimiento a algunas personas que me han bendecido al formar parte de mi vida y aportaron mucho en la realización de este proyecto, tan desafiante de escribir un libro.

Mi primer agradecimiento va dirigido a Dios, quien es mi mayor fuente de luz y energía, que guía cada día, mi camino. Me ha dado la oportunidad de existir y manifestarme en este plano físico. Cuanto más me amo, más amor tengo para dar a los demás. La abundancia y la felicidad, son mi estado natural.

Para mi mayor bendición, Pao y Guchi (mis Niñajos), quienes han sido criados con mi verdadero amor y con toda la dedicación, tratando de que desde muy temprana edad conozcan que no hay límites, son y serán, solo los que ellos marquen en su mente.

A mis padres Lucy y Vale, por darme la vida y ayudarme desde el primer día; a mis hermanos Vale, Tina, Rodri y Angie, con los que pasé una niñez increíble, llena de alegría que alimentó mi corazón; a mis sobrinos Freya, Fiore Héctor, Fer, Diego, Emi, Bengi y Mateo; a Andy por darme el mejor regalo en mi vida.

Gus Dimas

Ideas para el desarrollo de un negocio feliz

Para quien fue mi gran amigo "Don Chon" QEPD. Al maestro Ricardo Picard, por compartir sus enseñanzas de meditación. A todos los del grupo de Meditación, por ayudarme a ser mejor persona.

A July Gallardo, Lupita Mariscal, Julieta Fimbres, Zameni Hernández, Raymundo Gutiérrez y Jorge Núñez, por la confianza y apoyo que me han brindado.

A Sandy Rivera, Angy Ramírez, Elena, Roberto Lujan, Juan y Miguel Elizondo, para todos mis alumnos de la UNITEC Atizapán y todos mis amigos que han estado presente a lo largo de este tiempo.

Le estoy agradecido a todo un equipo de profesionistas y amigos, que cada uno desde su campo de acción, aportó consejos y enriqueció este libro. Ellos son:

- Sandra López Ortega, por más de 25 años de regalarme su amistad. Eres un gran ser, dando siempre un ejemplo de humildad y bondad.
- Luz Ma. Gutiérrez, profesionista y gran ser humano. Siempre estás apoyando cada uno de mis proyectos de negocio.
- Roberto Papaqui, dicen que las piedras rodando se encuentran y así fue amigo. Agradezco mucho tus extraordinarios consejos, siempre oportunos y con un enfoque muy especial.
- Víctor M. Rodríguez Juárez, por ser mi amigo y cómplice por tantos años y por contar siempre con tus consejos y apoyo.
- A mi hermano Rodrigo, quien siempre está a mi lado brindándome su apoyo incondicional y por haber hecho que mi infancia fuera muy feliz.
- A David Herrera Urdaneta, quien me apoyó en diseño de portada.

Gracias a todos ellos, por su entrega y dedicación. Así también, agradezco a cada una de sus familias, por haberles permitido sacrificar tiempo que les correspondía y enfocarlo a este proyecto.

204

Gus Dimas

Ideas para el desarrollo de un negocio feliz

Mi agradecimiento para mis amigos de letra y cómplices en este sueño, Ada Escalante, Dani Mon, Dolores Macau, Karina Flandorffer, Lolita, Joaquina Borjas, Mary Herrera, Grethel Guardia, Ysabel Del Águila, María Veracruz, Sara Timóteo, Sinthya Godoy, Nari González, Daniela Rocha, Isley Bernal, Rosa Virginia Salom, Luz Angélica Acuario, Claudia Pérez Novoa, Jorge Humberto Gómez, Isabelino Pérez, Jaime Ignacio Jaramillo, Diego Esteban Batalla, Rubén Díaz, Jesús Antonio Ruíz, Croquet Kraft, Nelson Vidal, Raúl Medellín y Juan Pablo Jarry.

Y no me quiero despedir, sin antes darte las **gracias lector**, por haber adquirido Foto Mental de tu Empresa. Si te ha gustado y lo encuentras útil, te pido dejes tu opinión en Amazon, esto me ayudará a continuar escribiendo otros libros sobre temas relacionados. Mi correo electrónico gusdimas20@gmail.com Tu apoyo y comentario, me será muy importante.

https://www.youtube.com/channel/UCNSWtchO2K0KVHV2yjeUoYA

https://www.facebook.com/pages/category/Personal-Blog/Con-todo-al-emprender-108640317625145/

Gus Dimas

GUS DIMAS

Mexicano, Mentor de Negocios y Profesional de las Ventas. Escritor. Licenciado en Administración de Empresas por la Universidad de Londres. Especializado en Marketing. Maestría en Habilidades Directivas por la Universidad Tecnológica de México (UNITEC). Diplomado en Desarrollo de Altos Potenciales por el ICAMI.

Emprendedor en la Industria de las Bebidas sin calorías y de la Capacitación y Formación Comercial. Comprometido con su país y dispuesto a ayudarte a emprender tu camino al desarrollo profesional.

Gus Dimas

www.ingramcontent.com/pod-product-compliance
Lightning Source LLC
Chambersburg PA
CBHW070330220526
45467CB00001B/101